KB188783

초등학생을 위한
기적의 신체놀이

1학년 1학기

☑ **일러두기**

'기적의 신체놀이' 시리즈는 '2022개정 교육과정 통합교과서'를 참고하여 개발 및 집필되었음을 밝힙니다.

1-1 학교, 사람들, 우리나라, 탐험

1-2 하루, 약속, 상상, 이야기

2-1 나, 자연, 마을, 세계

2-2 계절, 인물, 물건, 기억

초등학생을 위한

기적의 신체놀이

1학년 1학기

서은철 외 지음 | 김재희 그림

서문

최근 교육 현장에서 에듀테크와 다양한 수업 기술이 발전하면서, 노트북과 태블릿과 같은 현대적인 보조 자료들이 학교에 보급되고 있습니다. 이러한 기술들이 교수·학습의 형태를 보다 효율적이고 효과적으로 만들어 주고 있지만, 동시에 학생들의 신체활동 시간은 점점 줄고 있습니다. 저체력 학생의 비중이 갈수록 늘고 있으며, 신체활동 콘텐츠에 대한 관심도 줄고 있는 현실입니다. 학생들의 신체활동에 대한 욕구는 여전히 강하지만 미세먼지, 황사, 우천 등 환경적 요인과 강당 및 운동장 사용 시간 확보의 어려움, 그리고 신체활동 콘텐츠의 부족으로 실제 신체활동 시간은 줄고 있는 상황입니다.

이러한 문제를 해결하고자 2024년부터 도입되는 2022 개정 교육과정에서는 1~2학년 학생들의 신체활동 놀이를 더욱 강조하고 있습니다. 2015 개정 교육과정에서는 '즐거운 생활' 과목에 신체·놀이활동이 80시간 배정되었으나, 2022 개정 교육과정에서는 '즐거운 생활' 128시간과 '안전교육' 16시간으로 확대되었습니다. 이는 단순히 수업 시간을 늘리는 것을 넘어, 학생들이 실제로 뛰어놀며 신체 움직임을 수반하는 체육 개념으로 재편성된 것입니다. 이로 인해 학생들은 보다 동적인 신체활동을 통해 신체 능력을 발전시킬 기회를 가지게 됩니다.

기존에 개발되어 학교 현장에 보급된 체육 놀이 활동은 주로 중·고학년을 대상으로 하여, 저학년 학생들에게 적합한 활동이 부족했습니다. 저학년 학생들은 신체활동에 대한 접근 방식이 다르고, 날씨나 특별실 사용에 대한 제약 없이 쉽게 적용할 수 있는 놀이가 필요합니다. 따라서 우리는 이러한 요구를 반영하여 저학년도 쉽게 접근할 수 있는 새롭고 재미있는 신체활동 놀이를 개발하고 보급하고자 했습니다. 이 책은 8가지 기본 움직임 요소를 중심으로 구성되어 있으며, 각 요소에 맞는 놀이를 제공하여 학생들이 신체적으로 다양한 경험을 할 수 있도록 설계되었습니다.

책의 구성은 이해하기 쉬운 그림책 형식으로 되어 있으며, 학기별로 신체활동을 효과적으로 적용할 수 있도록 구성하였습니다. 1학년 1학기부터 2학년 2학기까지의 학습 환경에 맞춘 신체활동을 제시함으로써, 교사들이 수업 계획을 세우는 데 실질적이고 구체적인 도움을 받을 수 있도록 했습니다. 각 활동은 교실, 운동장, 강당 등 다양한 장소에서 적용할 수 있으며, 대안 활동을 제시하여 교사들이 환경에 맞춰 유연하게 활용할 수 있도록 하였습니다.

이 책의 집필에 도움을 준 분들께 특별히 감사의 마음을 전하고 싶습니다. 먼저 집필 활동에 참여해 주신 1분에듀 연구회와 가바보 연구회 선생님들께 깊은 감사를 드립니다. 여러분의 열정과 헌신 덕분에 이 책이 완성될 수 있었습니다. 활동을 구상하고 교실에서 시도하며 피드백을 주고받는 과정에서 보여 주신 노력과 협력은 이 책의 품질을 높이는 데 큰 기여를 했습니다.

또한 제 아내이자 그림작가인 김재희 선생님께도 진심으로 감사드립니다. 제 그림 실력으로는 감당할 수 없는 많은 삽화를 기꺼이 맡아 주셨고, 학기 중 퇴근 후 늦은 시간까지, 그리고 방학까지 모두 반납하며 함께 작업해 주셨습니다. 신혼의 달콤한 시간을 포기하고 함께한 이 과정은 우리에게 큰 의미가 되었고, 이 책이 완성되기까지의 중요한 원동력이 되었습니다.

이 책이 학생들에게 즐겁고 유익한 신체활동을 제공하며, 교사들에게는 신체활동 수업을 원활하게 진행할 수 있는 유용한 도구가 되기를 진심으로 바랍니다. 신체활동을 통해 학생들이 신체적, 사회적, 정서적으로 건강하게 성장할 수 있기를 바라며, 교사들이 이 책을 통해 학생들과 함께 즐거운 신체활동을 경험하길 기대합니다. 이 책이 모든 독자에게 유익한 자료가 되기를 소망합니다.

2025년 3월

서은철

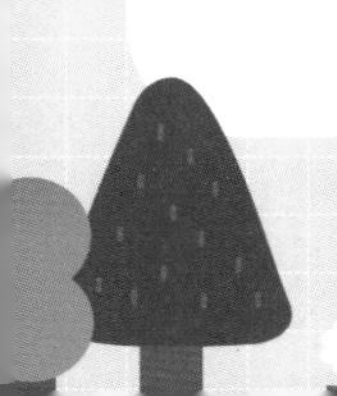

차 례

2부

사람들

3부

우리나라

4부

탐험

1부

학교

단원 설명

'학교'는 아이들이 새로운 환경을 만나고 친구와 함께 배우며 성장하는 곳입니다. 통합교과서의 '학교' 단원은 학생들이 학교생활을 익히고, 교실과 운동장에서의 규칙을 이해하며, 친구들과 협력하는 방법을 배우는 데 중점을 둡니다. 아이들이 학교에 들어와 처음 만나는 교실, 복도, 운동장과 같은 공간은 단순한 장소가 아닙니다. 생활하고 배우며 관계를 형성하는 중요한 환경이 됩니다. 따라서 이 책에서는 이러한 학교 공간을 익히고 활용할 수 있도록 다양한 신체활동놀이를 구성했습니다. 예를 들어, 줄을 만들어 교실의 두 사물을 잇는 '인간 테이프', 교실 책상과 의자에 앉아 쉽게 할 수 있는 '톰과 제리 술래잡기' 같은 놀이를 통해 아이들이 공간을 자연스럽게 탐색하고, 친구들과 어울리며 협력하는 법을 배울 수 있도록 했습니다. 또한 교실 안과 밖 공간의 차이를 이용한 '한 숨 술래잡기' 등의 활동을 통해 몸을 활발히 움직이며 학교생활에 대한 자신감을 키울 수 있도록 구성했습니다.

기본 움직임 요소	교실 놀이	강당이나 운동장 놀이
기본동작 모이기	인간 테이프	주사위 줄서기
몸풀기	동물 바구니 1	한 발 무궁화꽃이 피었습니다
도구 활용	훌라후프 뱃사공	훌라후프 이사
밀기 당기기 균형잡기	손에 손잡고 1	짝 손 당겨 씨름
	한 발 한 손 1	안팎 점프
걷기 달리기	한 숨 술래잡기	박수 좀비 술래잡기
	톰과 제리 술래잡기	원형 톰과 제리 술래잡기
높이뛰기 멀리뛰기	개구리와 두더지	허수아비 술래잡기

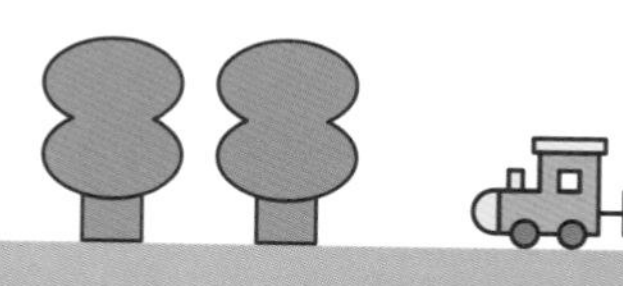

01 기본동작 · 모이기

놀이 1

인간 테이프

놀이 2

주사위 줄서기

인간 테이프

• 활동 장소 : 교실 • 활동 인원 : 전체 • 준비물 : 없음

이 놀이는 모이기 기능을 익히기 위한 활동으로 학기 초 기초생활 습관 형성이 필요한 1학년 학생들이 놀이를 통해 자연스럽게 줄서기 기능을 연습할 수 있습니다.

1 교실 곳곳에 앉은 상태에서 시작한다.

신체놀이 꿀팁

활동을 시작하면 서로 손을 마주 잡은 상태에서 이리저리 옮겨 다니며 줄을 서야 한다. 이때 책상과 의자는 학생들이 이동하는 경로의 장애물로 작용하여 놀이에 흥미 요소를 더하게 된다. 만약 줄 서기 활동에 초점을 맞춘다면 책상을 밀고 넓은 공간에서 시작하는 것 또한 안전하게 활동할 수 있는 방법이다.

2 교사가 사물 두 가지를 말하면 학생들은 손을 잡아 두 사물을 잇는 줄을 완성한다.

신체놀이 꿀팁

교사가 벽, 칠판이라고 말하면 가장 먼저 벽에 손을 얹은 학생이 머리가 되고 다음 학생들이 순서대로 손을 잡고 이어 선다. 마지막 학생이 칠판에 손을 얹으면 하나의 줄이 완성되고 마지막 학생은 꼬리가 된다. 칠판에서부터 손을 잡고 줄을 만들어 오지 않고 머리부터 순서대로 이어 가도록 지도한다.

3 교사가 사물 두 가지를 바꾸어 말하면 학생들은 손을 잡은 채 이동하여 두 사물을 연결한다.

신체놀이 꿀팁

교사가 사물함과 창문으로 사물을 바꾸어 말하면 머리 학생은 먼저 말한 사물함으로, 꼬리 학생은 뒤에 말한 창문으로 이동하여 손을 얹어야 한다. 이때 이어 잡은 손이 끊기지 않도록 적당한 속도와 간격을 유지하며 이동해야 한다. 만약 손이 끊기면 완성된 것으로 인정하지 않는다.

4 팔짱 끼기 어깨동무하기 등 다양한 방법으로 활동한다.

신체놀이 꿀팁

손잡기 외에도 팔짱 끼기와 어깨동무, 앞사람 어깨에 손 올리기 등 다양한 방법으로 진행하며 간격에 맞게 줄서기를 익힐 수 있다. 두 팀으로 진행하며, 먼저 완성한 팀에게 점수를 부여하는 방식으로 진행하면 더욱 재미있게 놀이를 즐길 수 있다.

주사위 줄서기

• 활동 장소 : 교실/강당　　• 활동 인원 : 전체　　• 준비물 : 원마커, 주사위

이 활동은 주사위에 나오는 숫자만큼 원마커 위에 줄을 서서 모두 다 줄을 서는 데 걸리는 시간을 측정하며 즐길 수 있는 협동 및 경쟁형 놀이입니다.

주사위 줄서기 활동 방법

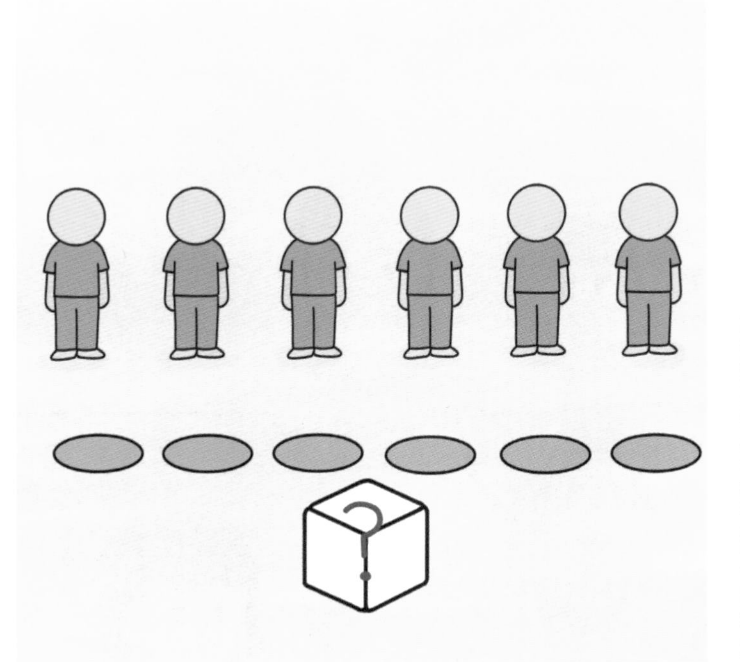

1 팀별로 나뉘어(최소 6명 이상) 서고 바닥에 사람 수만큼 원마커를 깐다.

신체놀이 꿀팁

처음에는 학급 전체 인원수만큼 원마커를 깔고 진행하는 것이 좋다. 주사위 숫자가 1부터 6까지이므로 최소 여섯 명 이상 인원으로 구성해야 놀이가 한 번에 끝나는 경우를 방지할 수 있다. 전체 줄서기 놀이가 끝나면 두 팀으로 구성하여 먼저 줄을 완성하는 경쟁 활동으로 즐기면 재미있다.

2 제일 앞사람이 주사위를 던지고 나온 수만큼 순서대로 원마커 위에 선다.

신체놀이 꿀팁

원마커에 서 있지 않은 제일 앞사람이 주사위를 던지고 나온 수만큼 주사위를 던진 사람부터 순서대로 원마커 위에 줄을 선다. 그림처럼 주사위 숫자가 3이 나왔을 경우 3명이 올라가 선다. 두 팀으로 진행할 경우 한 번씩 혹은 동시에 주사위를 던지는 방식으로 운영할 수 있다.

3 계속 주사위를 던져서 나온 수만큼 순서대로 원마커 위에 선다.

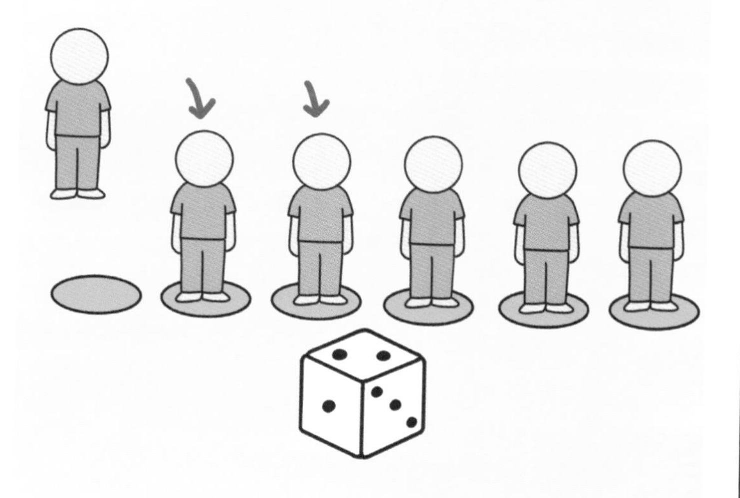

신체놀이 꿀팁

아직 원마커에 서 있지 않은 제일 앞사람이 주사위를 던지고 나온 수만큼 이어서 원마커 위에 줄을 선다. 그림처럼 주사위 숫자가 2가 나왔을 경우 기존 줄에 2명이 이어서 올라가 선다. 두 팀으로 진행할 경우 한 번씩 혹은 동시에 주사위를 던지는 방식으로 운영할 수 있다.

4 주사위 숫자가 남은 사람 수에 딱 맞게 나오면 성공, 주사위 숫자가 남은 사람보다 크면 처음부터 다시 시작한다.

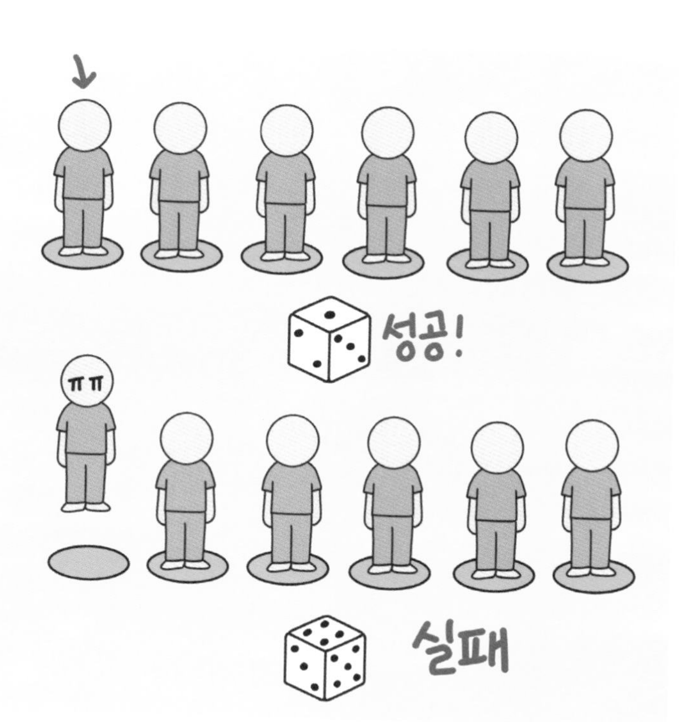

신체놀이 꿀팁

주사위 숫자가 남은 원마커 수만큼(남은 사람 수) 딱 맞아떨어지게 나오면 줄이 완성되어 성공한다. (6명이 한 팀일 경우 5명이 선 상태에서 1이 나오면 성공, 그 이상이 나오면 실패.) 실패 시 처음부터 다시 하거나, 나온 숫자만큼 줄에서 빼고 이어서 놀이하면 된다.

몸풀기

놀이 1

동물 바구니 1

놀이 2

한 발 무궁화꽃이 피었습니다

동물 바구니 1

• 활동 장소 : 교실　　• 활동 인원 : 전체　　• 준비물 : 의자

이 활동은 몸풀기 기능을 익히기 위한 활동으로 친구가 흉내 내는 동물이나 사물의 모습을 똑같이 따라 하며 자리를 옮겨 다니는 따라 하기 놀이입니다.

1 원 대형으로 의자에 앉고, 1명은 원 가운데 들어와 선다. 앉아 있는 친구들은 "동물원에 가면 뭐가 있니?"라고 묻는다.

신체놀이 꿀팁

교실 책상을 모두 밀고 '교실 전체 인원 수 – 1'만큼 의자를 준비하여 원 대형으로 앉은 후, 1명은 가운데에 서도록 한다. 의자에 앉은 학생들은 동시에 "동물원에 가면 무슨 동물이 있니?"라고 묻고 술래가 제시하는 동물과 행동을 기다린다.

2 술래는 동물 하나를 말하며 몸동작으로 흉내 내면서 빈자리를 찾아 이동한다.

신체놀이 꿀팁

술래는 아무 동물이나 떠오르는 것을 말하고 몸동작으로 흉내 내며 빈자리로 이동한다. 이때 동물을 상징하는 소리를 섞어서 내면 나머지 학생들은 동작과 소리를 모두 따라 해야 한다.

3 모두 술래의 흉내 내는 모습을 똑같이 따라 하며 빈 자리로 이동한다.

신체놀이 꿀팁

앉아 있는 학생들은 1명도 빠짐없이 모두 술래의 동작을 따라 하며 비어 있는 자리로 이동해야 한다. 이때 자기 자리나 바로 옆자리로 이동하지 않도록 지도해야 놀이가 흥미진진하게 이어진다. 이 외에도 가운데 원마커를 설치하여 밟고 다른 자리로 이동하기, 이 외에도 가운데 원마커를 설치하여 밟고 다른 자리로 이동하기 등으로 활용이 가능하다.

이럴수가...

다음 술래

4 자리에 앉지 못한 1명의 학생은 다음 술래가 되어 다음 동물 이름을 제시한다.

신체놀이 꿀팁

마지막까지 자리에 앉지 못한 학생은 다음 술래가 되어 놀이를 이어 간다. 처음과 똑같이 앉아 있는 학생들이 "동물원에 가면 뭐가 있니?"라고 묻고 술래가 동물 이름을 말하며 흉내를 내면 모두 따라 하며 빈자리로 이동한다. 이때 흉내를 내지 않고 몸만 이동하는 학생이 없도록 지도한다.

한 발 무궁화꽃이 피었습니다

• 활동 장소 : 강당/운동장 • 활동 인원 : 전체 • 준비물 : 없음

이 활동은 술래가 제시하는 동물이나 사물을 알맞게 표현했으면 한 발 씩 전진하여 술래에게 가장 먼저 도달한 학생이 다음 술래가 되는 놀이입니다.

한 발 무궁화꽃이 피었습니다 활동 방법

1 술래 1명이 나오고 나머지는 한 줄로 선다. 술래는 친구들을 마주 보고 선다.

신체놀이 꿀팁

술래 1명을 정하고, 나머지 학생들은 모두 뒤로 가서 한 줄로 선다. 팀원이 많다면 두 팀으로 나누어 진행한다. 원마커로 '가로(사람 수) × 세로(5)' 길을 만들어서 한 번에 한 칸씩 이동하도록 진행하는 방법도 있다. 이때는 원마커 수가 부족하면 술래와 나머지 학생 사이를 5개 구역으로 나누어서 한 번에 한 구역씩 움직이게 하면 된다.

2 술래가 "○○○꽃이 피었습니다"라고 외치면 학생들은 술래가 제시한 사물/동물의 흉내를 낸다.

신체놀이 꿀팁

술래가 제시하는 사물이나 동물을 듣고 나머지 학생들은 반드시 제자리에서 표현해야 한다. 원활한 놀이를 위해 놀이마다 주제를 정해 놓고 진행하는 것이 좋다. 놀이마다 동물원에 사는 동물, 자음 등 다양한 주제를 제시해 주면 더욱 재미있는 활동이 된다.

3 술래는 흉내를 멋지게 내거나 알맞은 친구를 선택하여 한 발 앞으로 나오게 해 준다.

신체놀이 꿀팁

한 발 앞으로 나올 사람을 정하는 역할을 선생님이 하기 / 한 턴에 앞으로 나오는 사람 수 정하기 / 한 걸음 최대한 길게 나오기 / 원마커 한 칸 앞으로 오기 등 다양하게 변형하여 활동할 수 있다.

4 술래에게 가장 먼저 도착한 사람이 다음 술래가 되어 놀이를 반복한다.

신체놀이 꿀팁

원마커나 라인기 등으로 구역을 나누어 진행했을 경우 술래가 있는 칸에 가장 먼저 도착한 사람이 다음 술래가 되고, 한 발씩 길게 나오는 방법으로 진행한 경우 선 자리에서 술래를 가장 먼저 터치한 사람이 다음 술래가 된다. 다음 술래가 2명이 될 경우 가위바위보나 현재 술래의 선택으로 다음 술래를 정하면 된다.

도구활용

놀이 1

훌라후프 뱃사공

놀이 2

훌라후프 이사

훌라후프 뱃사공

• 활동 장소 : 교실/강당 • 활동 인원 : 두 팀 경쟁 • 준비물 : 훌라후프

이 활동은 학생들을 두 팀으로 나누어 팀마다 2명의 뱃사공을 뽑고 승객을 1명씩 끌어서 목적지까지 빠르게 옮기는 경쟁형 놀이입니다.

1 두 팀으로 나뉘어 앉고, 각 팀의 뱃사공(2명)은 훌라후프를 허리에 낀 채로 잡고 앞에 선다.

신체놀이 꿀팁

두 팀으로 나뉜 후 뱃사공 역할을 할 학생 2명이 앞으로 나와서 선다. 뱃사공 역할은 한 경기가 끝날 때마다 교체해도 되고, 2명을 옮길 때마다 승객과 뱃사공을 바꿔서 놀이해도 된다.

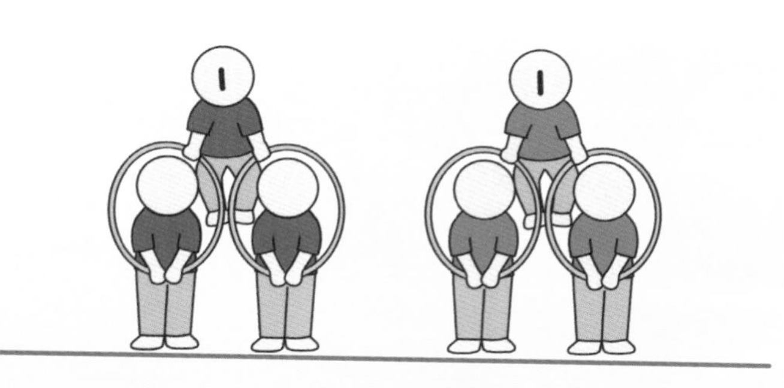

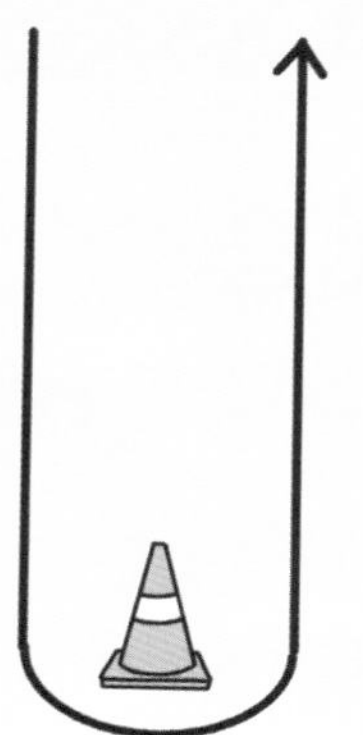

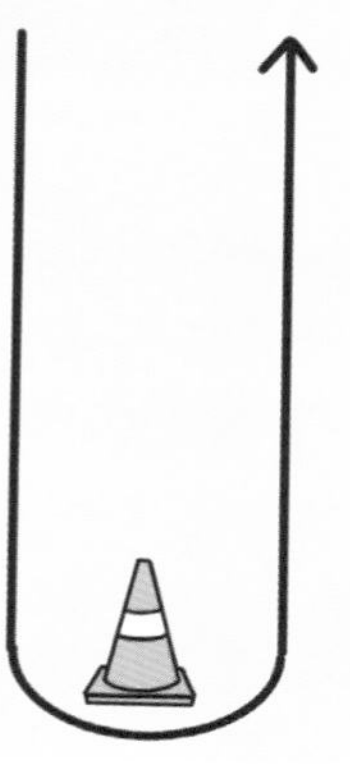

2 각 팀의 승객은 1명씩 순서대로 앉은 채로 훌라후프를 잡고 뱃사공은 승객을 목적지로 이동시킨다.

신체놀이 꿀팁

승객이 앉아서 훌라후프를 잡을 때 발을 살짝 들고 엉덩이만 땅에 닿도록 하고 살짝 눕는다는 느낌으로 앉는다. 이렇게 하면 마찰력이 줄어 더 빠르게 이동할 수 있다. 속도가 너무 빨라질 것 같으면 들었던 발을 땅에 내려서 브레이크 역할을 할 수 있다.

훌라후프 뱃사공 활동 방법

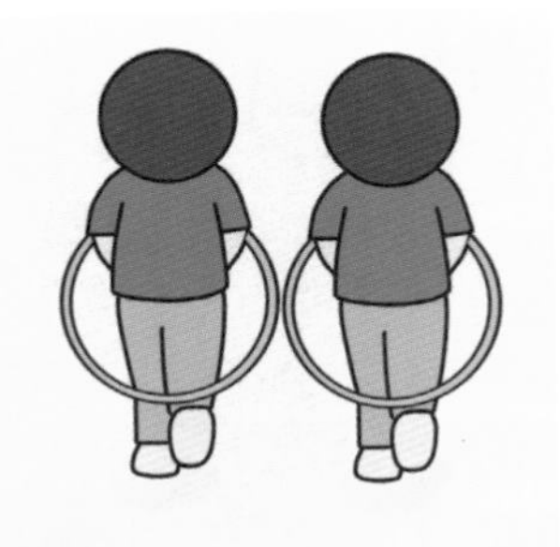

3 승객을 목적지에 내려놓고 다시 돌아와 다음 승객을 태워 간다.

신체놀이 꿀팁

처음 뱃사공 역할을 한 2명의 학생이 계속 다음 뱃사공을 해도 되고, 처음 데려간 승객과 1명의 뱃사공을 역할 교체하여 놀이를 진행해도 된다. 1학년의 경우 승객 교체를 하면 규칙을 이해하는 데 어려움이 있으니, 한 번 뱃사공 역할을 맡은 학생이 한 게임이 끝날 때까지 이어서 하는 것을 추천한다.

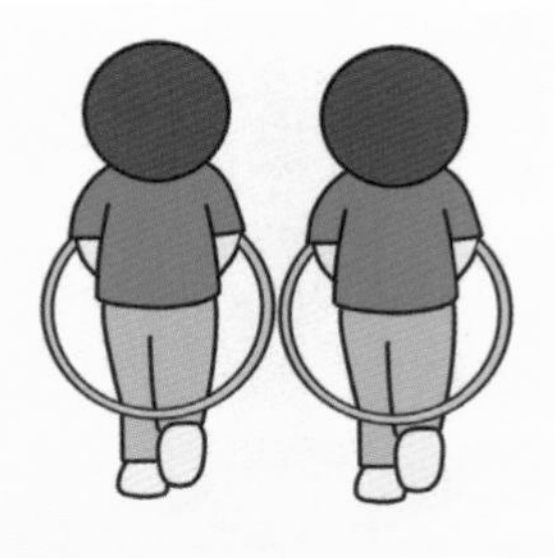

4 모둠원 모두를 먼저 목적지로 이동시키면 승리한다.

신체놀이 꿀팁

모둠원을 목적지로 다 옮기는 순간 경기가 종료되는 것이 아니고 자리에 바르게 앉았는가를 종료 기준으로 삼는다. 이렇게 하면 학생들이 질서를 지키면서 차분하게 놀이를 이어 나갈 수 있다.

훌라후프 이사

• 활동 장소 : 강당/운동장 • 활동 인원 : 전체 • 준비물 : 훌라후프

이 활동은 학급 전체 학생이 동시에 다양한 방법으로 뛰어서 훌라후프를 이동하여 같은 칸에 들어가면 아웃되는 놀이입니다.

1 훌라후프를 학급 인원수만큼 바닥에 깔고 한 칸에 1명씩 들어가서 선다.

신체놀이 꿀팁

특별실이나 교실에 테이프를 붙일 수 있다면 5 × 5 혹은 학생 수만큼 네모칸을 만들어서 바닥에 붙이는 것이 좋다. 안전뿐만 아니라 흥미에 있어서도 바닥 테이프가 더 효과적이다.

2 선생님의 구호에 따라 학생들은 동, 서, 남, 북, 대각선 중 한 방향으로 한 칸 이동한다.

신체놀이 꿀팁

학생들이 다른 칸으로 이동할 때 이동 방법을 다양하게 제시할 수 있다. 구호에 맞춰 모둠발로 뛴다거나, 한 발로 길게 건너간다거나, 무릎과 손바닥을 바닥에 대고 앉아서 기어가기 등으로 진행할 수 있다.

3 같은 칸에 2명 이상이 들어가면 아웃이다.

신체놀이 꿀팁

한 칸에 2명 이상이 들어가거나, 이동하지 않고 같은 칸에 머무르거나, 구호에 맞춰 동시에 뛰지 않고 뒤늦게 뛰는 경우 아웃된다. 아웃되지 않기 위하여 서로 손가락으로 다음에 갈 방향을 가리키며 말로 의사소통하는 것이 중요하다. 누가 오래 살아남느냐도 재미있지만, 우리 반이 얼마나 오래 버티는가도 중요한 놀이이다.

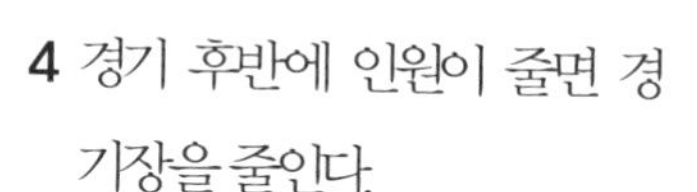

4 경기 후반에 인원이 줄면 경기장을 줄인다.

신체놀이 꿀팁

학생들이 아웃되어 인원이 줄면 넓은 경기장에서 소수의 친구들이 돌아다니는 상황이 발생한다. 그런 때는 경기장을 줄여 주어야 놀이가 지루해지지 않고 빠르게 순환할 수 있다.

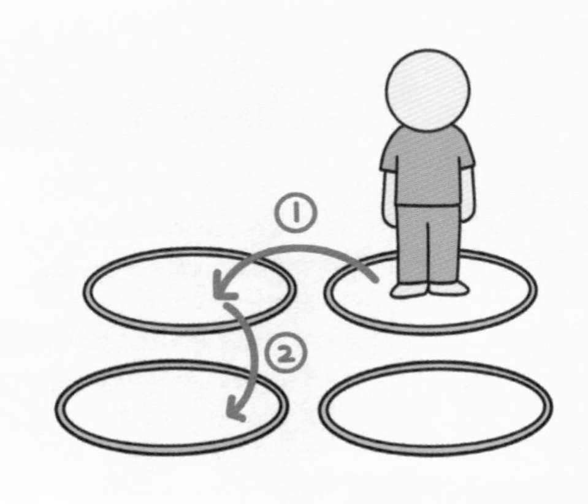

5 경기 후반에 인원이 줄면 한 번에 두 칸씩 이동할 수 있다.

신체놀이 꿀팁

놀이에 익숙해지면 어느 정도 탈락자가 발생했을 때 한 번에 두 칸을 이동하게 한다. 두 칸을 모둠발로 이동하기 어렵기 때문에 한 번에 한 발씩 뛰어가듯 움직이도록 하면 더욱 빠르고 흥미진진한 놀이가 된다.

밀기 · 당기기 · 균형잡기

놀이 1

손에 손잡고 1

놀이 2

짝 손 당겨 씨름

놀이 3

한 발 한 손 1

놀이 4

안팎 점프

손에 손잡고 1

• 활동 장소 : 교실 • 활동 인원 : 짝/모둠 • 준비물 : 없음

이 활동은 짝끼리 손을 잡고 발을 맞대고 앉은 후 서로 밀고 당기며 제자리에서 일어나는 협동형 놀이입니다.

1 짝끼리 발끝을 맞대고 마주 보고 앉은 상태에서 서로 손을 잡는다.

신체놀이 꿀팁

발을 맞댈 때 발바닥이 바닥에 완전히 닿도록 하고 발끝을 마주한 상태에서 무릎을 구부린 자세를 유지해야 일어나기가 쉽다.

2 교사의 신호에 따라 서로 밀고 당기며 동시에 자리에서 일어난다.

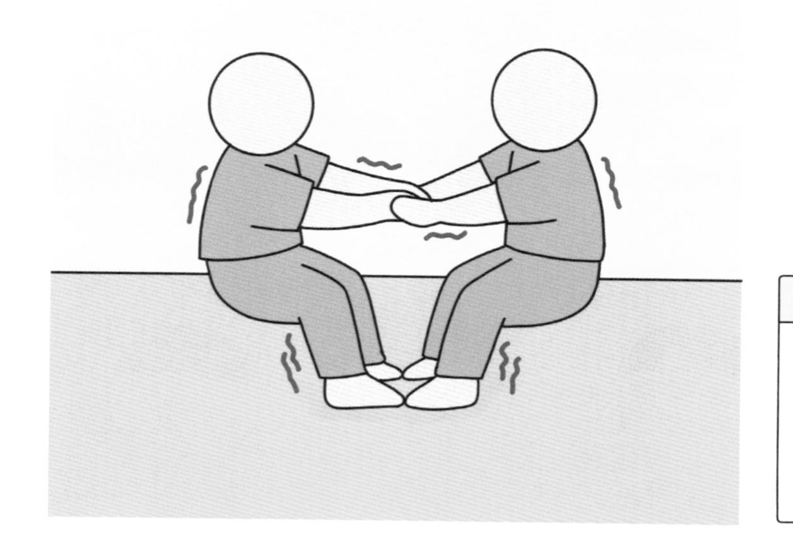

신체놀이 꿀팁

발과 무릎의 반동을 이용하여 땅을 힘껏 디디면서 두 팔로 서로를 잡아당겨 몸의 무게중심을 앞으로 이동시킨다. 이때 발끝이 떨어지지 않도록 신경 쓰면 쉽게 일어날 수 있다.

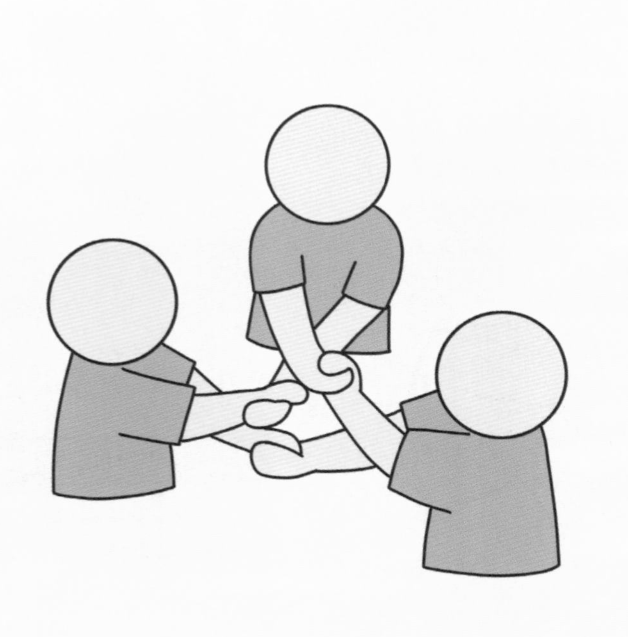

3 3명 이상(모둠) 발끝을 맞대고 앉은 상태에서 서로 손을 엇갈려 잡고 놀이한다.

신체놀이 꿀팁

동일한 방법으로 일어나는 활동을 하되 점점 사람 수를 늘려서 몇 명까지 가능한지 해 보는 것이 좋다. 일어나는 방법도 손잡기, 팔 엇갈려 잡기, 팔짱 끼기, 어깨동무 등 다양하게 할 수 있다.

짝 손 당겨 씨름

• 활동 장소 : 교실/강당　　• 활동 인원 : 짝/모둠　　• 준비물 : 없음

이 활동은 짝끼리 한 발을 맞대고 손을 잡은 후 서로 밀고 당기며 넘어뜨리는 경쟁형 놀이입니다.

짝 손 당겨 씨름 활동 방법

1 짝끼리 같은 쪽 한 발을 마주 대고 같은 쪽 한 손을 마주 잡은 채 선다.

신체놀이 꿀팁

서로 같은 쪽 발과 손을 마주 대야 한다. 이때 발끝을 마주 대거나 발목을 조금 틀어 발의 바깥 부분을 맞대도 된다. 왼발과 오른발이 일자가 되도록 서야 균형잡기의 효과가 커진다.

2 교사의 신호에 따라 서로 밀고 당기며 상대방의 균형을 무너뜨린다.

신체놀이 꿀팁

손을 잡아당기거나 밀 때 손을 놓으면 안 된다. 이때 내 몸을 기준으로 왼쪽, 오른쪽으로 상대방의 팔을 밀었다 당겼다 하면서 여러 가지 공격이 가능하다.

3 상대가 균형을 잃고 발이 바닥에서 떨어지거나 무릎을 꿇게 만들면 승리한다.

신체놀이 꿀팁

발이 땅에 붙은 상태에서 조금 흔들리는 것은 괜찮으나, 발이 완전히 떨어지면 아웃 처리한다. 넘어질 때 다치지 않도록 무릎보호대를 착용하거나, 매트를 깔고 놀이하면 안전하게 활동할 수 있다.

4 3명 이상(모둠)은 양발을 마주 대고 두 손을 잡은 상태로 놀이한다.

신체놀이 꿀팁

3명 이상 손 당겨 씨름을 할 경우 양발을 넓게 벌리고 서로 발을 맞댄 후 놀이한다. 이때 손은 양쪽의 친구들과 잡은 상태에서 놀이를 진행한다.

한 발 한 손 1

• 활동 장소 : 교실　　• 활동 인원 : 짝, 모둠, 전체　　• 준비물 : 원마커

이 활동은 짝끼리 서로 번호를 불러 주며 한 손과 한 발을 이용하여 불린 번호의 원마커를 집고 균형을 유지하는 균형잡기 놀이입니다.

1 원마커를 바닥에 무작위로 놓는다.

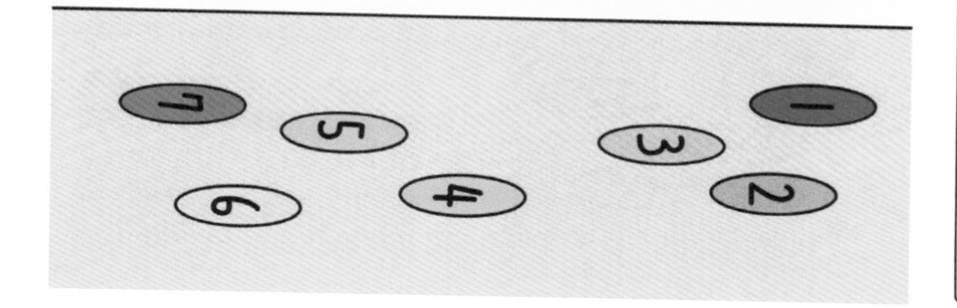

신체놀이 꿀팁

원마커를 놓을 때 원마커 숫자나 색을 어떻게 하느냐 혹은 원마커의 간격을 얼마큼 하느냐에 따라 놀이활동 시 다양한 상황을 연출할 수 있다. 원마커 배치는 자유롭게 한다.

2 1명이 2가지 원마커를 지정해 준다.

신체놀이 꿀팁

원마커를 지정할 때 만약 같은 색이나 번호의 원마커가 중복으로 바닥에 깔린 경우 지정해 주는 학생이 손으로 가리켜서 지정해 주도록 하거나, 원마커에 올라가야 하는 학생이 자유롭게 선택하는 방법 둘 중에 하나를 선택하여 놀이할 수 있다.

3 다른 1명이 한 발과 한 손으로 지정한 원마커를 디디고 5초간 자세를 유지한다.

신체놀이 꿀팁

짝이 지정해 준 원마커 2곳 중 아무 곳에나 손 혹은 발을 디딜 수 있다. 오른쪽, 왼쪽도 상관없이 자신이 편한 신체 부위로 원마커를 디디고 5초간 자세를 유지하면 된다.

4 성공하면 다음 친구에게 문제를 내준다.

신체놀이 꿀팁

앞의 친구가 내준 문제에 성공하면 이번에는 반대로 역할을 바꾸어서 문제를 내고 풀어 본다. 한 발 한 손뿐만 아니라 '한 발 + 다른 신체 부위(머리)' 등 규칙을 바꿔 가며 놀아 본다.

5 성공하는 횟수만큼 점수를 획득한다.

신체놀이 꿀팁

짝이 내준 문제를 5초간 버틴 횟수를 점수로 하여 더 높은 득점을 한 친구를 뽑는다. 짝의 합의하에 원마커의 배치를 중간에 바꾸며 놀아도 된다.

안팎 점프

• 활동 장소 : 강당/운동장 • 활동 인원 : 전체 • 준비물 : 라인기, 원마커

이 활동은 반 전체가 선생님이 불러 주는 구호에 맞게 원의 안과 밖으로 이동 혹은 제자리에서 점프를 하며 즐기는 균형잡기 놀이입니다.

1 큰 원을 그리고 전체 인원이 밖에 둘러선다.

신체놀이 꿀팁

운동장에서 놀이할 경우 라인기로 원을 그리고, 교실이나 강당에서 진행할 경우 손을 잡아서 원을 만든 후 원마커나 분필로 원을 표시한다.

2 교사가 "안"이라고 하면 안으로 모둠발 뛰기한다.

신체놀이 꿀팁

교사가 "안"이라고 말하면 학생들이 모둠발로 원 안쪽으로 들어와야 한다. 이때 모둠발 뛰기를 해야 하며 지시어가 제시되는 동시에 움직여야 한다.

3 "밖"이라고 하면 밖으로 모둠발 뛰기한다.

신체놀이 꿀팁

교사가 "밖"이라고 말하면 원래 모둠발로 원 밖으로 이동해야 한다. 만약 현재 있는 곳이 밖이라면 움직이지 않고 밖에 그대로 서 있으면 된다. 이때 발을 떼거나 움찔하면 아웃이다.

4 "점프"라고 하면 제자리에서 점프한다.

신체놀이 꿀팁

교사가 "점프"라고 말하면 현재 있는 위치에서 모둠발로 점프해야 한다. 점프하다가 원의 밖이나 안에서 안이나 밖으로 이동하면 아웃 처리한다.

5 "어디든"이라고 하면 안이나 밖 중 아무 곳으로 모둠발 뛰기한다.

신체놀이 꿀팁

교사가 "어디든"이라고 말하면 현재 있는 위치에서 안이나 밖 둘 중 하나를 선택해서 이동할 수 있다. 이때 안이나 밖 중 사람이 많은 곳은 살아남고 적은 곳에 있는 인원은 모두 아웃된다.

6 지시어와 다른 것을 하거나 균형을 잃으면 아웃이다.

신체놀이 꿀팁

놀이를 진행 중 아웃되는 경우는 다음과 같다. 교사가 제시한 장소 '안', '밖'과 다른 곳으로 이동한 경우, 이동하지는 않았지만 발을 떼거나 움찔한 경우, '어디든' 지시어에서 사람이 적은 쪽에 있는 경우.

걷기 · 달리기

놀이 1

한 숨 술래잡기

놀이 2

박수 좀비 술래잡기

놀이 3

톰과 제리 술래잡기

놀이 4

원형 톰과 제리 술래잡기

한 숨 술래잡기

• 활동 장소 : 교실 • 활동 인원 : 전체 • 준비물 : 없음

이 활동은 술래가 "아~" 소리를 내며 한 숨을 쉬는 동안 도망자를 잡으러 다니는 교실에서 즐기는 술래잡기형 놀이입니다.

1 술래는 교실 뒷문 밖으로 나가고 나머지 학생들은 교실 안에 자유롭게 선다.

신체놀이 꿀팁

놀이 공간을 구성할 때 책상을 한쪽으로 다 밀고 넓은 공터 대형을 마련해 주어야 한다. 술래는 1명이 나가도 되고, 한 모둠이 나가서 1명의 술래 역할이 끝나면 다음 학생이 들어오는 식으로 순서대로 술래 역할을 수행해도 된다.

2 술래는 "아~" 소리를 내며 교실 안으로 들어와 도망자를 잡으러 다닌다.

신체놀이 꿀팁

교실은 바다, 교실 밖은 육지, 술래는 다이버, 교실 안 학생들은 물고기라고 안내하고 다이버는 한 호흡이 다 되기 전까지만 물고기를 잡으러 다닐 수 있다고 스토리텔링을 해 준다. 이때 술래와 도망자는 모두 뛰지 않고 빠른 걸음으로 이동한다.

한 숨 술래잡기 활동 방법

3 술래에게 잡히면 자리에 앉아서 팔을 벌리고 산호초가 된다.

신체놀이 꿀팁

술래에게 잡히면 그 자리에 앉아야 하고 이동할 수 없다. 단, 두 팔을 벌리고 술래의 진로를 방해하거나 다른 물고기들을 숨겨 주는 산호초의 역할을 할 수 있다.

4 술래의 숨이 끊기면 반대로 술래를 잡을 수 있다.

신체놀이 꿀팁

술래의 한 숨이 끊기면 반대로 술래가 물고 기들에게 잡힐 수 있다. 이때 산호초 역할을 하는 학생도 술래를 잡을 수 있다. 술래가 잡히면 아웃되고 그동안 잡았던 물고기들은 부활한다. 술래가 육지(교실 밖)으로 돌아오지 못하면 물고기를 아무리 많이 잡았어도 점수를 획득할 수 없다.

5 술래는 교실 밖으로 나가서 숨을 한 번 더 쉬고 들어와서 놀이를 이어할 수 있다.

신체놀이 꿀팁

술래가 교실 밖으로 나가서 숨을 쉬고 오는 횟수를 조절해 주어야 원활한 놀이가 가능하다.

박수 좀비 술래잡기

• 활동 장소 : 교실/강당/운동장 • 활동 인원 : 전체 • 준비물 : 안대, 펀스틱

이 활동은 안대를 쓴 술래가 플레이스틱을 들고 조력자들의 박수 소리에 따라 도망자들을 잡으러 다니는 술래잡기형 놀이입니다.

1 술래는 안대를 쓰고 플레이스틱을 든다.

신체놀이 꿀팁

처음에는 조력자 없이 술래만 안대를 쓰고 플레이스틱을 든 채 놀이를 시작해도 된다. 학급 인원수가 많으면 술래의 수를 알맞게 추가해서 진행하면 더욱 박진감 넘치는 놀이가 된다.

2 술래 조력자는 박수로 도망자들의 위치를 알려 준다.

신체놀이 꿀팁

술래 조력자는 자유롭게 움직이며 박수로 도망자들의 위치를 알려 주는데, 이때 박수 소리 외에 말로 힌트를 주어서는 안 된다.

3 술래에게 잡히면 조력자가 되어 박수를 치며 도망자의 위치를 알려 준다.

신체놀이 꿀팁

조력자가 여러 명이 되면 오히려 여러 곳에서 나는 박수 소리에 술래가 헷갈릴 수 있다. 그러므로 조력자들끼리 하나의 타깃을 정해서 박수 소리가 한곳에서 날 수 있도록 협업하는 것이 중요하다.

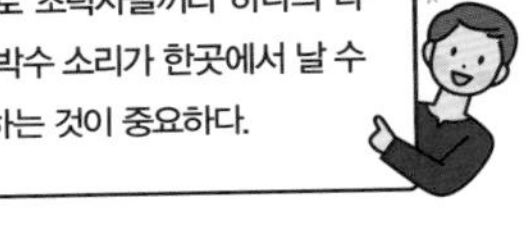

4 [변형] 나머지가 모두 안대를 쓰고 눈을 뜬 1명은 1분간 잡히지 않고 버틴다.

신체놀이 꿀팁

술래가 1명이었던 놀이가 도망자가 1명인 놀이로 바뀐다. 도망자는 1분간 술래에게 닿지 않고 버티면 된다. 실제로 안대가 부족하여 못하는 경우가 많기 때문에, 한 모둠(4~5명)이 술래를 하고 다른 한 모둠(4~5명)이 도망자를 하여 1분간 살아남은 수를 세어 보면 재미있다.

톰과 제리 술래잡기

• 활동 장소 : 교실 • 활동 인원 : 전체 • 준비물 : 책걸상(시험 대형)

이 활동은 톰(술래) 1명과 제리(도망자) 2명이 교실에서 잡고 잡히며 역할을 교대하여 즐기는 술래잡기형 놀이입니다. 제한 시간 동안 더 많은 점수를 쌓아야 이깁니다.

톰과 제리 술래잡기 활동 방법

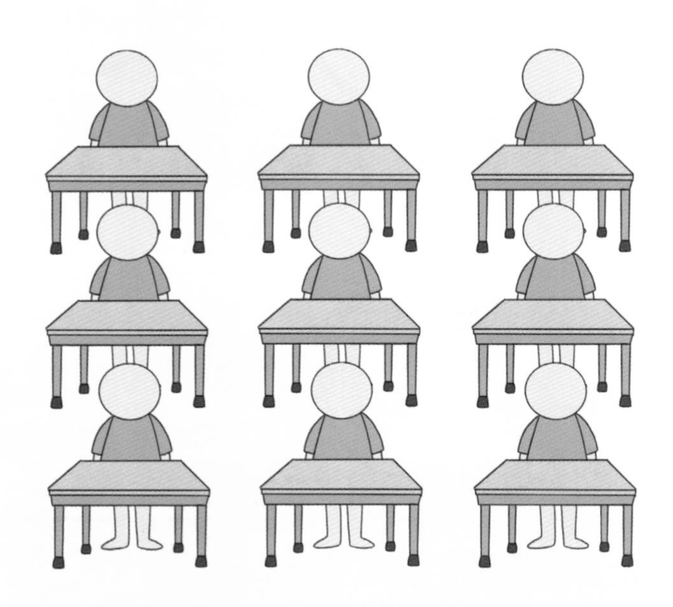

1 시험 대형으로 책상에 앉는다.

신체놀이 꿀팁

25명 기준 5 × 5의 시험 대형으로 앉는다. 이때 책상 앞뒤 양옆 공간을 최대한 확보하고, 책상 옆에 걸려 있는 물건들은 모두 책상 아래에 넣어 두어야 안전한 놀이를 하는 데 도움이 된다.

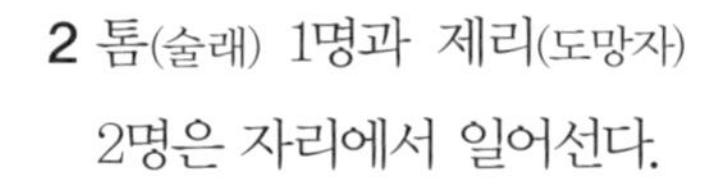

2 톰(술래) 1명과 제리(도망자) 2명은 자리에서 일어선다.

신체놀이 꿀팁

처음 톰(술래)과 제리(도망자)는 선생님이 지목해 준다. 이때 제리 2명은 남자 1명, 여자 1명으로 지목해 주는 것이 좋다. 톰과 제리의 거리도 고려하여 어느 정도 떨어져 있는 위치의 친구를 선택한다.

3 제리는 자기 자리를 제외한 빈자리에 앉으며 다음 제리가 될 친구의 이름을 부른다.

신체놀이 꿀팁

제리는 자기가 일어난 자리를 제외한 두 자리인 톰이 일어난 자리, 다른 제리의 자리에 앉을 수 있다. 이때 앉으면서 다음 제리가 될 친구의 이름을 큰 목소리로 불러 주어야 한다.

4 이름이 불린 새로운 제리는 자리에서 일어나 도망간다.

신체놀이 꿀팁

이름이 불린 제리는 자리에서 일어나서 도망가는데 이때 톰이 주변에 있어서 일어나면 잡힐 것 같은 경우 즉시 일어나지 않고 5초 내에만 일어나서 도망가면 된다. (단, 이때도 톰이 제리를 터치하면 아웃된다.)

5 톰에게 잡히면 톰과 제리가 역할을 교대하고 5초 후 재시작한다.

신체놀이 꿀팁

톰에게 잡히면 톰과 제리가 역할을 바꾸고 그 자리에서 톰이 5초를 세는 동안 제리는 빠르게 도망간다. 톰이 5초를 세는 동안에는 제리가 자리에 앉을 수 없다.

원형 톰과 제리 술래잡기

• **활동 장소 : 강당/운동장** • **활동 인원 : 전체** • **준비물 : 없음**

이 활동은 서로 손을 잡고 원 대형을 만든 문 역할의 학생들과 톰(술래) 1명, 제리(도망자) 2명이 톰과 제리를 바꿔 가며 즐기는 술래잡기형 놀이입니다.

원형 톰과 제리 술래잡기 활동 방법

1 문 역할을 맡은 학생들이 원 대형으로 손을 잡고 선다.

신체놀이 꿀팁

원 대형으로 설 때 바닥에 원마커를 두면 원이 찌그러지지 않고 유지될 수 있다. 놀이가 진행되는 동안 노래를 부르며 천천히 시계방향으로 도는 것도 재미를 더하는 방법이다.

2 톰(술래) 1명과 제리(도망자) 2명은 원 밖에서 준비한다.

신체놀이 꿀팁

처음에 톰과 제리는 선생님이 정해 준다. 이때 제리는 남자 1명, 여자 1명으로 정해 주고 남자는 여자를, 여자는 남자를 다음 제리로 지목해야 한다는 조건을 제시하면 한쪽 성별에 편중되지 않고 놀이를 즐길 수 있다.

3 제리가 지나가면 팔을 들어 올려 쥐구멍을 만들어 준다.

신체놀이 꿀팁

제리는 원 대형의 안과 밖을 자유롭게 이동하며 톰을 피해 이동할 수 있다. 문 역할을 맡아 원형 대형으로 선 친구들은 제리가 지나가려 하면 팔을 들어 올려 지나갈 수 있는 길을 만들어 주어야 한다.

4 톰이 지나가려 하면 문을 닫는다.

신체놀이 꿀팁

톰이 제리를 잡으러 가면서 문을 통과하려 하면 문 역할의 학생들은 재빨리 팔을 내려 톰의 진로를 방해해야 한다. 단, 이때 팔을 들었다 올리는 것만 가능하며 무릎을 구부리거나 억지로 자세를 낮추어서 톰이 아래로 숙여 지나가는 것을 막을 수 없다.

5 제리는 문 역할을 맡은 친구의 등을 밀어서 역할을 교대할 수 있다.

신체놀이 꿀팁

제리는 도망을 가다가 잡히기 전에 다음 제리가 될 친구의 등을 밀고 그 자리에 들어가서 선다. 등을 밀린 친구는 다음 제리가 되어 도망간다. 반드시 원 밖에서 등을 밀어야 하며 안에서 가슴 쪽을 밀면 안 된다.

6 톰에게 잡히면 톰과 제리가 역할을 교대하고 5초 후 재시작한다.

신체놀이 꿀팁

제리가 톰에게 잡히면 그 자리에 서서 5초를 센 후 톰 역할을 수행한다. 5초를 세는 동안 새로운 제리(기존 톰)는 재빨리 톰에게서 멀리 떨어진다. 5초가 끝나기 전에 새로운 제리를 터치할 수 없다.

높이뛰기 · 멀리뛰기

놀이 1

개구리와 두더지

놀이 2

허수아비 술래잡기

개구리와 두더지

• 활동 장소 : 교실　　• 활동 인원 : 전체　　• 준비물 : 안대, 플레이스틱

이 활동은 개구리(도망자)가 한 발 먼저 뛰고 두더지(술래)는 소리를 듣고 한 발 이동하여 개구리가 있을 만한 위치에서 플레이스틱을 휘둘러 개구리를 잡는 술래잡기형 놀이입니다.

1 두더지가 안대를 쓰고 플레이스틱을 든다. 개구리들은 쭈그려 앉아서 준비한다.

신체놀이 꿀팁

안대를 쓰고 플레이스틱을 든 두더지(술래)가 교실 한가운데 위치한다. 나머지 개구리(도망자)들은 교실 곳곳에 쭈그려 앉는다. 교실의 책상을 전부 밀고 교실 전체를 사용하여도 되고, 책상으로 네모칸을 만들어 놀이장으로 사용하여도 된다.

2 개구리들이 먼저 모둠발로 점프하여 이동한다.

신체놀이 꿀팁

선생님의 "하나 둘 셋 점프" 구호에 따라 개구리(도망자)들은 이동하고 싶은 곳으로 모둠발로 점프한다. 이때 제자리에서 점프를 해도 된다.

3 두더지는 개구리의 착지 소리를 듣고 한 발 이동한다.

신체놀이 꿀팁

두더지(술래)는 개구리(도망자)의 착지 소리를 듣고 개구리(도망자)가 있을 만한 곳으로 길게 한 발 이동한다. 이동하는 두더지(술래)의 발에 걸린 개구리(도망자)는 아웃된다.

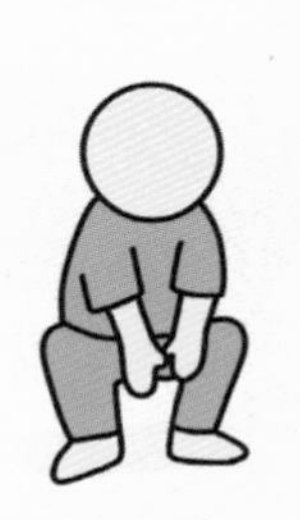

4 두더지는 플레이스틱을 휘둘러 개구리를 잡는다.

신체놀이 꿀팁

두더지가 도착한 곳에서 플레이스틱을 한 번 휘둘러 개구리를 잡는다. 이때 플레이스틱은 좌우가 아닌 위에서 아래로 천천히 한 번 내려친다. 개구리를 잡으면 그 자리에서 한 번 더 이동하여 잡을 기회를 준다는 조건을 추가하면 더욱 재미있다.

5 잡힌 개구리는 벽에 붙어 이동하며 "개굴개굴" 소리로 개구리들의 위치를 알려 준다.

신체놀이 꿀팁

두더지(술래)에게 잡힌 개구리(도망자)는 배신자 개구리(술래 조력자)가 된다. 배신자 개구리들은 벽에 붙어 자유롭게 움직이며 다른 개구리(도망자)들이 있는 곳을 알려 주기 위해 개굴개굴 소리를 낸다.

허수아비 술래잡기

• **활동 장소 : 교실/강당/운동장** • **활동 인원 : 전체** • **준비물 : 펀스틱**

이 활동은 '허.수.아.비' 한 글자당 한 걸음씩 이동하여 도망자가 먼저 이동하고, 술래가 쫓아가서 스틱으로 탈출하지 못하도록 하는 술래잡기형 놀이입니다.

1 술래와 도망자 모두 같은 줄에 선다. (술래는 스틱 2개를 손에 든다.)

신체놀이 꿀팁

술래는 스틱 2개를 손에 들고 도망자는 맨몸으로 시작한다. 놀이 시작 시 술래의 숫자를 최소 2명은 확보해야 원활하게 진행된다.

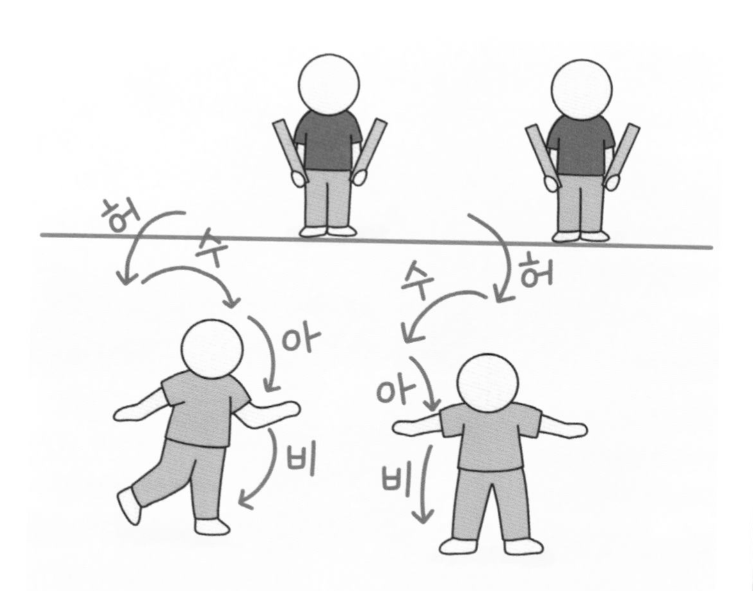

2 도망자가 먼저 "허.수.아.비"라고 외치며 한 글자당 한 걸음씩 멀리 뛰어 이동한다.

신체놀이 꿀팁

도망자는 한 걸음당 한 글자씩 "허.수.아.비"라고 말하며 술래에게서 최대한 멀리 도망간다. 마지막 '비' 글자에 도달한 곳에서 두 발을 모으고 선다.

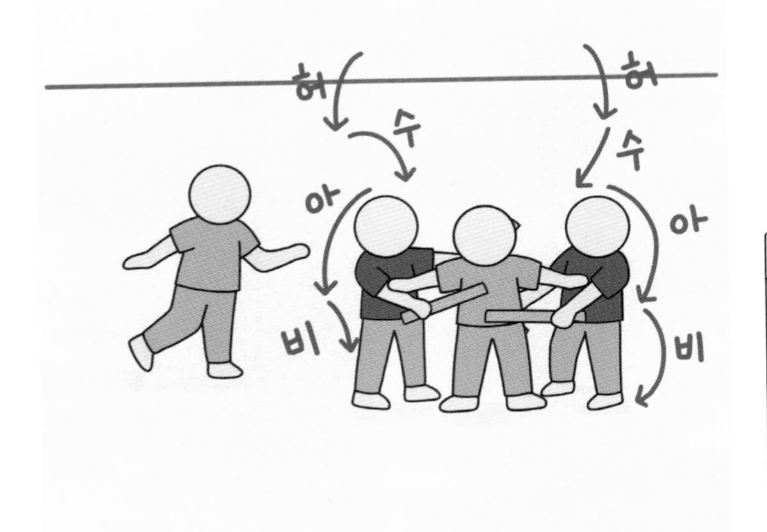

3 술래도 같은 방식으로 이동한 후 스틱으로 도망자를 가둔다.

신체놀이 꿀팁

술래는 도망자가 출발한 후 다음 턴에 똑같은 방법으로 한 걸음당 한 글자씩 말하며 이동한다. 마지막 '비'에서 뒷발을 가져와 두 발로 서며 양손에 들고 있는 플레이스틱으로 도망자의 진로를 차단한다. 이때 스틱이 도망자의 몸에 닿지 않도록 유의한다.

4 도망자가 네 걸음 안에 스틱을 빠져나오지 못하거나 닿으면 술래 편이 된다.

신체놀이 꿀팁

도망자가 플레이스틱을 빠져나올 때 발을 딛는 횟수에 따라 '허.수.아.비'를 센다. 두 발을 바닥에 붙인 채 움직이는 것은 카운트하지 않는다. 스틱을 빠져나오다 걸리면 술래 편이 되어 스틱을 들고 다른 도망자들을 잡으러 간다. 도망자가 모두 잡힐 때까지 놀이를 반복한다.

2부

사람들

단원 설명

통합교과서의 '사람들' 단원은 가족, 친구, 선생님 그리고 주변 이웃들과의 관계를 배우며 사회적 상호작용을 익히도록 구성했습니다. 교과서에서는 다양한 사람들과 어울리는 방법, 예의를 지키는 태도, 협력과 배려의 중요성을 강조합니다. 관계 속에서 함께하는 경험이 쌓일수록 아이들은 자연스럽게 공동체 의식을 기르고, 서로 돕고 배려하는 태도를 익힙니다. 따라서 이 책에서는 놀이를 통해 아이들이 자연스럽게 협력하고 관계를 맺는 경험을 하도록 구성했습니다. 예를 들어, 풍선을 친구와 함께 막대로 잡은 후 정해진 길을 달리는 '막대풍선 달리기', 모둠원이 협동하여 줄을 계속 이어 주는 '줄 이어 걷기' 같은 놀이를 통해 친구들과의 신뢰를 쌓고 협동하는 즐거움을 배울 수 있습니다. 또한 공동체 활동이 중요한 '사람들' 단원에서는 경쟁보다는 협력에 초점을 맞춘 놀이를 제공하여 아이들이 함께하는 기쁨을 느끼도록 했습니다.

기본 움직임 요소	교실 놀이	강당이나 운동장 놀이
기본동작 모이기	포스트잇 꼬리잡기	순발력 잡기
	변신 가위바위보	동물 가위바위보
도구 활용	막대풍선 달리기	
밀기 당기기 균형잡기	한 발 한 손 2	외나무다리에서 만나요
	인형뽑기	줄 이어 걷기
걷기 달리기	미션 걷기	
	레벨업 가위바위보	
높이뛰기 멀리뛰기	내 꿈을 높이높이	가라사대 점프점프

01

기본동작 · 모이기

놀이 1

포스트잇 꼬리잡기

놀이 2

순발력 잡기

놀이 3

변신 가위바위보

놀이 4

동물 가위바위보

포스트잇 꼬리잡기

• 활동 장소 : 교실　　• 활동 인원 : 전체　　• 준비물 : 포스트잇 2장

학급을 두 팀으로 나누어 기차를 만든 뒤에 기차의 맨 앞 사람이 상대편 기차의 맨 뒷사람의 등에 포스트잇을 붙이는 잡기 놀이입니다.

포스트잇 꼬리잡기 활동 방법

1 학급을 두 팀으로 나누고, 팀 내에서 자유롭게 돌아다니며 가위바위보를 해서 진 사람은 이긴 사람의 뒤로 가서 어깨를 잡아 기차를 만든다.

신체놀이 꿀팁

교실 공간을 충분히 확보하여 부딪히는 일이 없도록 주의한다. 이긴 사람끼리는 계속 가위바위보를 하여 기차를 길게 만든다. 맨 앞 사람은 뛰지 않으며 어깨를 잡고 있는 사람들은 앞사람의 발을 밟지 않도록 주의한다.

2 각 팀 기차가 완성되면 각 팀 맨 앞의 사람에게 포스트잇을 한 장씩 준다.

신체놀이 꿀팁

포스트잇의 접착력이 떨어지면 테이프를 함께 제공한다. 기차가 완성되면 맨 뒤 사람의 등에 포스트잇을 붙인 후, 맨 앞 사람이 포스트잇을 떼어 내는 놀이로 바꾸어 진행할 수도 있다.

3 맨 앞에 있는 사람이 다른 팀의 맨 뒤에 있는 사람의 등에 포스트잇을 붙이면 승리!

신체놀이 꿀팁

꼬리잡기를 할 때는 맨 앞의 사람은 뛰지 않고, 빠른 걸음으로 걷도록 한다. 기차가 끊어졌을 경우, 잠시 놀이를 멈추고 기차를 연결한 뒤 다시 시작한다.

순발력 잡기

- 활동 장소 : 강당/운동장
- 활동 인원 : 전체
- 준비물 : 펀스틱, 라바콘, 라인테이프

이 활동은 여러 색의 펀스틱 중 재빨리 알맞은 색의 펀스틱을 잡아 상대편을 최대한 많이 아웃시키는 놀이로, 순간적인 판단력을 기를 수 있습니다.

순발력 잡기 활동 방법

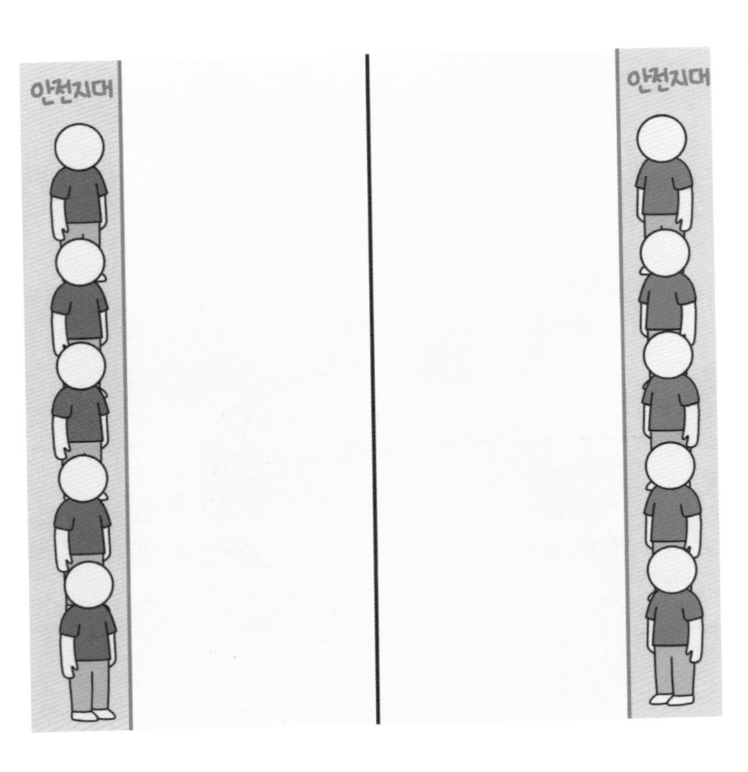

1 두 팀으로 나뉜 후 일정 거리를 두고 마주 선다.

신체놀이 꿀팁

학생들이 적절한 거리를 유지할 수 있도록 각 팀 중간에 라인테이프를 두어 펀스틱의 위치가 동등할 수 있도록 한다. 안전지대를 라바콘으로 표시하여 학생들이 안전지대를 잘 인지할 수 있도록 한다.

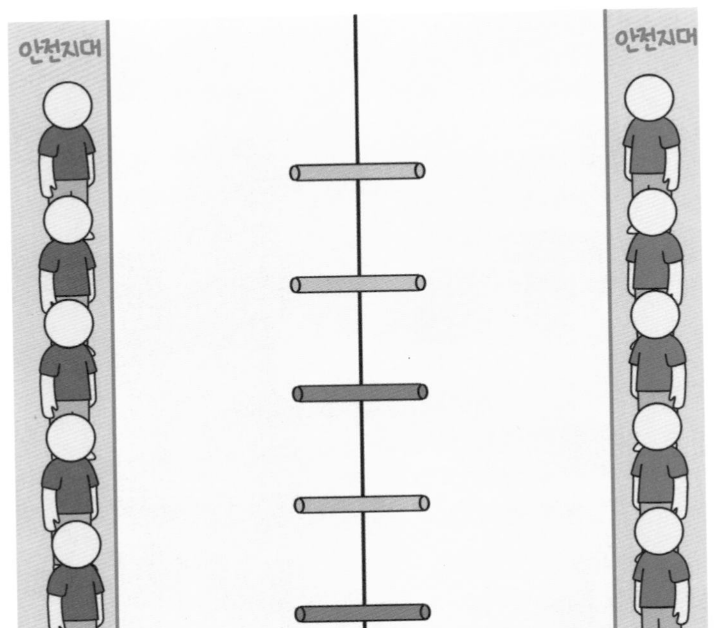

2 마주 본 사람 사이에 다양한 색깔의 펀스틱을 둔다.

신체놀이 꿀팁

펀스틱 색깔은 최소 3가지로 다양하게 구비하되 학생 수에 맞게 준비할 필요는 없다.

3 교사는 시작 신호로 특정 색깔의 펀스틱을 외친다.

신체놀이 꿀팁

해당 색깔의 펀스틱을 먼저 차지한 학생이 공격 기회를 갖는다. 펀스틱을 차지하지 못해서 공격 기회를 갖지 못한 학생은 최대한 빨리 팀 내 안전구역으로 달려간다.

4 해당 펀스틱을 먼저 든 학생은 펀스틱을 잡지 못한 학생을 따라가 잡는다. 잡힌 학생은 탈락, 안전지대로 간 학생은 통과한다.

신체놀이 꿀팁

공격권을 가진 학생은 상대편을 최대한 많이 탈락시킨다. 단, 이때 펀스틱을 던지거나 휘두르지 않고 상대편의 등을 손바닥으로 터치하는 것으로 하여 펀스틱을 불필요하게 강하게 움직여 다치는 상황을 방지한다.

변신 가위바위보

• 활동 장소 : 교실　　• 활동 인원 : 세 팀 경쟁　　• 준비물 : 네임택, 머리띠

이 활동은 세 팀으로 나뉘어 돌아다니다가 상대를 만나면 가위바위보를 하고, 지면 자신을 이긴 상대 팀이 되는 놀이입니다.

가위 바위 보

1 전체 학생들이 가위바위보를 하여, 세 팀으로 나뉜다.
(가위팀, 바위팀, 보팀)

신체놀이 꿀팁

처음 팀을 정할 때, 한 팀의 수가 너무 적으면 가위바위보를 다시 하여 팀을 나눌 수 있지만, 적은 인원으로 시작하여 승리하는 것도 특별한 재미가 될 것이다.

2 정해진 시간 동안 다른 팀의 친구를 찾아가서 한 사람과 3번씩 가위바위보를 한다.

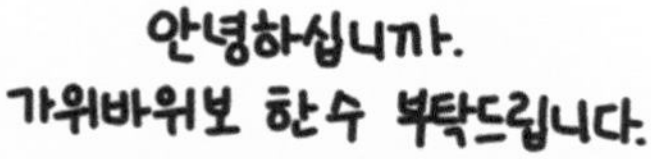

신체놀이 꿀팁

가위바위보를 거절할 수 없으며 오해의 소지가 될 수 있는 행동(늦게 내기 등)은 하지 않도록 약속한다.

3 가위팀은 바위팀에게, 바위팀은 보팀에게, 보팀은 가위팀에게 정중하게 인사한 후 가위바위보를 한다.

신체놀이 꿀팁

정중하게 인사하면서 인사말은 다양하게 함께 정할 수 있다. 비기는 경우가 생길 수 있으니 삼세판으로 승패를 정한다.

4 삼세판 가위바위보를 해서 지면, 나를 이긴 사람의 팀으로 변신한다. 정해진 시간이 끝난 후, 인원이 가장 많은 팀이 승리한다.

신체놀이 꿀팁

가위바위보에서 지면 자신의 네임택이나 머리띠에 바뀐 팀을 기록하여 다른 친구들이 볼 수 있게 한다. 만약 준비물이 없거나 번거로운 경우에는 왼손으로 팀 표시를 하거나 말로 외치며 돌아다닐 수 있게 변형한다.

동물 가위바위보

• 활동 장소 : 강당　• 활동 인원 : 4명씩 5팀　• 준비물 : 콘, 팀조끼

이 활동은 사람과 동물이 가위바위보를 하여 승패에 따라 동물의 발걸음을 바꿔 다시 도전하는 놀이입니다. 모두 이길 때까지 진행하며 좁은 공간에서도 전체가 함께 참여할 수 있습니다.

동물 가위바위보 활동 방법

1 4명씩 5팀(A~E)으로 나누고, 한 팀은 사람이 되고 나머지 네 팀은 동물이 된다.

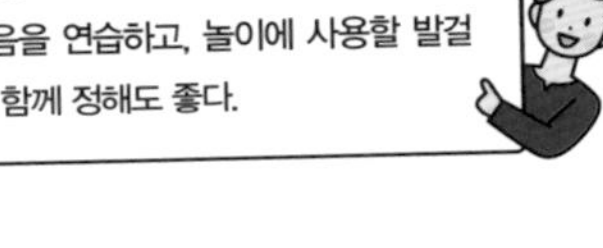

신체놀이 꿀팁

경기가 종료될 때마다 사람의 역할을 담당하는 팀을 바꿔 모두 역할을 경험할 수 있도록 구성한다. 경기 진행 전 무리가 되지 않도록 몸을 풀며 여러 가지 동물의 발걸음을 연습하고, 놀이에 사용할 발걸음을 함께 정해도 좋다.

2 일정한 간격을 두고 사람 4명은 나란히 서고, 그 앞으로 공간을 두고 동물인 팀이 각 일렬로 줄을 선다.

신체놀이 꿀팁

공간 부족으로 다 같이 진행이 어려울 경우 팀을 나누어 진행할 수 있다. 팀을 나누어 진행할 때는 시간 기록에 따라 점수를 부여할 수 있다.

3 출발 소리와 함께 앞에 서 있는 사람에게 동물 발걸음으로 가서 가위바위보를 하고 돌아온다.

신체놀이 꿀팁

동물이 사람에게 가거나 오는 동안 동물의 발걸음을 달리한다. 처음에는 치타처럼 달려가기, 이기면 우리 팀 제일 뒤로 가서 서고, 다음 순서의 친구가 출발한다. 만약 질 경우 콘을 한 바퀴 돌고, 토끼처럼 두 발로 뛰어가기, 두 번 지면 거북이처럼 네 발로 기어가기(상황에 따라 변경 가능), 세 번 지면 팀 제일 뒤로 가고 다음 차례가 출발한다.

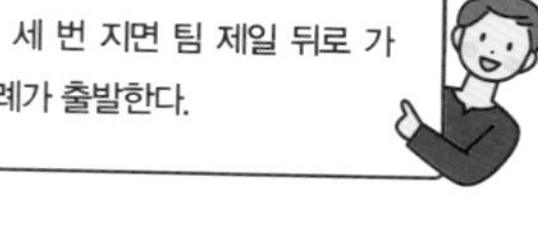

4 가장 먼저 모든 친구가 가위바위보를 끝낸 팀이 2점을 얻고, 두 번째 성공한 팀은 1점을 얻고, 다음 경기를 진행한다.

신체놀이 꿀팁

경기가 종료되면 동물팀 중 한 팀이 사람이 되고, 나머지 팀은 동물이 되어 다시 같은 방법으로 경기를 진행한다.

도구 활용

놀이 1

막대풍선 달리기

막대풍선 달리기

• 활동 장소 : 교실 • 활동 인원 : 전체
• 준비물 : 막대(돌돌이 색연필, 사인펜), 풍선, 원마커

풍선을 짝과 함께 막대로 잡은 후 정해진 길을 달리는 놀이입니다.

출발선

1 책상을 양쪽으로 밀고 출발 지점과 반환점을 원마커로 표시한다.

신체놀이 꿀팁

원마커가 없다면 책상으로 반환점을 만들어도 좋다. 부딪히지 않도록 최대한 교실 공간을 확보하고, 방해되는 물건은 치운다.

2 2명이 막대를 쥐고 풍선의 양쪽을 잡는다.

2명일 때

신체놀이 꿀팁

반 전체 학생 수가 홀수인 경우 3명이 팀이 되는 것도 가능하다. 뾰족한 물건으로는 풍선이 터질 수 있으니 뭉뚝한 막대를 준비하도록 한다. 풍선이 터질 경우, 처음부터 다시 혹은 패배 등 조건을 걸어 풍선을 터뜨리지 않도록 주의를 줄 수 있다.

3 교사의 신호를 들은 후 짝과 함께 반환점을 돌고, 다음 주자에게 풍선을 넘긴다. 모든 팀원이 돌고 먼저 도착한 팀이 승리한다.

신체놀이 꿀팁

다음 주자만 미리 출발점에 대기하고, 나머지 학생들은 양쪽 옆에 있도록 하면 놀이 중 혼란을 예방할 수 있다. 풍선을 떨어뜨린 경우에는 풍선을 주워 출발점부터 다시 시작하게 한다. 다음 주자에게 전달할 때 역시 풍선을 떨어뜨리지 않도록 조심해야 한다.

밀기 · 당기기 · 균형잡기

놀이 1

한 발 한 손 2

놀이 2

외나무다리에서 만나요

놀이 3

인형뽑기

놀이 4

줄 이어 걷기

한 발 한 손 2

• 활동 장소 : 교실 • 활동 인원 : 모둠 경쟁 • 준비물 : 원마커

이 활동은 두 팀으로 나뉘어 상대방이 불러 주는 번호의 원마커에 모둠원이 신체 부위를 접촉하여 모두 서는 협동 및 경쟁형 균형잡기 놀이입니다.

1 모둠별로 원마커를 '모둠원 수 × 2' 이상 준비한다.

신체놀이 꿀팁

원마커 수량에 여유가 있으면 기준보다 많이 배치해도 좋다. 원마커의 최대 간격은 한 사람이 두 다리로 이을 수 있을 정도로 배치해야 원활한 놀이가 가능하다.

2 상대 모둠이 원마커를 2개 지정해 준다.

신체놀이 꿀팁

상대 모둠이 난이도에 상관없이 자유롭게 원마커를 지정하도록 한다. 단, 1명이 모두 지정하지 않고 돌아가면서 한 번씩 숫자를 지정하여 모두 참여할 수 있도록 하면 좋다.

3 지정한 원마커에 1명씩 올라간다.

신체놀이 꿀팁

미리 정해 놓은 순서 혹은 자신 있는 사람 순서대로 올라가도록 해도 좋다. 단, 이런 규칙을 놀이 시작 전에 미리 정해야 학생 간 다툼이 발생하지 않는다.

3 모둠원이 모두 원마커에 올라가고 5초를 유지하면 성공!

신체놀이 꿀팁

모둠원이 모두 올라간 상태에서 1명도 발을 떼지 않고 균형을 잡아서 5초를 버텨야 성공으로 인정한다. 성공 시 1점을 획득하고 다른 모둠과 역할을 바꾸어서 진행한다.

외나무다리에서 만나요

• 활동 장소 : 강당/운동장
• 활동 인원 : 두 팀 경쟁
• 준비물 : 평균대, 매트, 스펀지막대

평균대 위에서 균형을 잡고, 스펀지막대를 휘두르며 상대방의 균형을 깨뜨리는 놀이입니다.

외나무다리에서 만나요 활동 방법

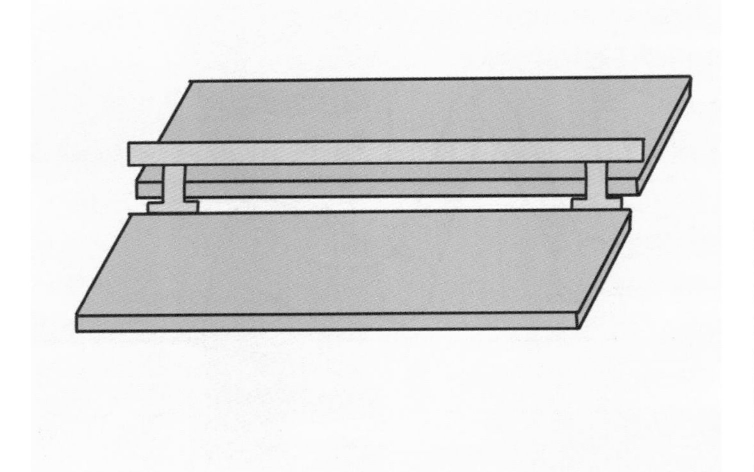

1 평균대를 설치하고, 밑에는 안전을 위해 매트를 깔아 준다.

신체놀이 꿀팁

반 전체를 두 팀으로 나누고, 충분한 준비운동으로 균형감각을 기르고, 안전사고를 예방할 수 있도록 한다. 준비운동으로는 손바닥 위에 스펀지막대를 세로로 길게 올려 두고 오래 버티기, 스펀지막대 위 걸어가기, 한 발 서기 등이 있다.

2 각 팀의 첫 번째 주자가 양쪽에서 균형을 잡고 평균대 위를 걷는다. 이때 스펀지막대를 한 개씩 들고 출발한다.

신체놀이 꿀팁

첫 번째 주자만 평균대에 나와 서 있고 나머지 학생들은 앉아서 기다린다. 대신 평균대와 적절한 거리를 두고 앉아 있어야 부딪히거나 다칠 위험이 없다.

3 중간에서 만난 두 팀의 주자는 스펀지막대를 휘둘러 상대편의 균형을 깨뜨린다. 균형을 잃어 평균대 아래로 떨어지면 다음 주자가 이어 나온다.

신체놀이 꿀팁

스펀지막대를 휘두를 때는 안전사고 예방을 위해 상대방의 허리 아래쪽 혹은 막대끼리만 부딪히도록 제한을 둘 수 있다. 평균대 위에 올라가는 것을 무서워하는 학생들이 있을 수 있다. 그럴 때는 평균대 대신 바닥에서 한 발로 서는 것으로 대신할 수 있다. 두 발이 바닥에 닿으면 탈락이고, 다음 주자가 이어서 나오면 된다.

4 모든 주자가 다 탈락하면 상대 팀이 승리한다.

신체놀이 꿀팁

스펀지막대를 휘두르다가 경쟁이 과해질 수 있다. 그럴 때는 가운데에서 가위바위보를 하는 것으로 대체할 수 있다.

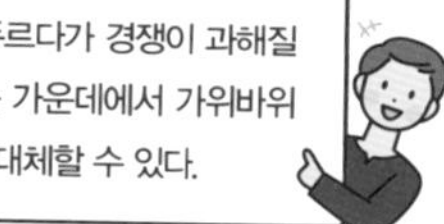

인형뽑기

• 활동 장소 : 교실 • 활동 인원 : 전체 • 준비물 : 수건, 콩주머니, 바구니

이 활동은 서로 당겨 주며 콩주머니를 모으는 놀이입니다.

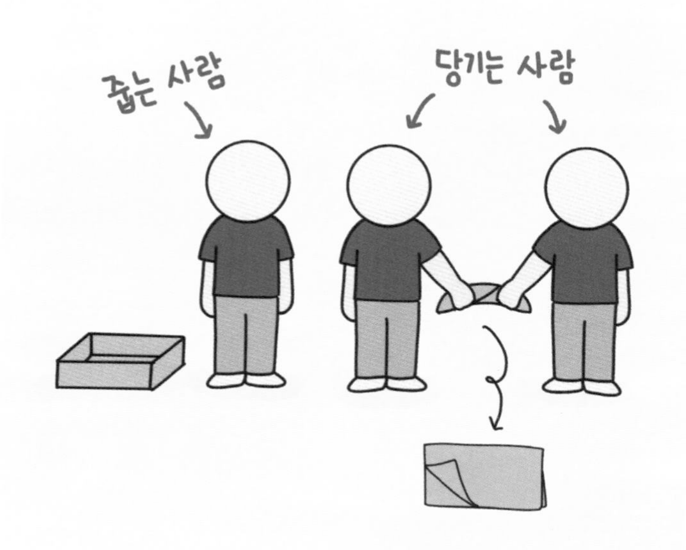

1 3인 1조로 팀을 나누고 역할을 정한 뒤(콩주머니를 줍는 역할 1명, 당겨 주는 역할 2명) 팀별로 수건을 1장씩 나누어 준다.

신체놀이 꿀팁

수건 또는 1m 정도 되는 부드러운 헝겊을 준비한다. 학생들이 당겨도 손이 아프지 않고 찢어지지 않는 천이면 모두 가능하다.

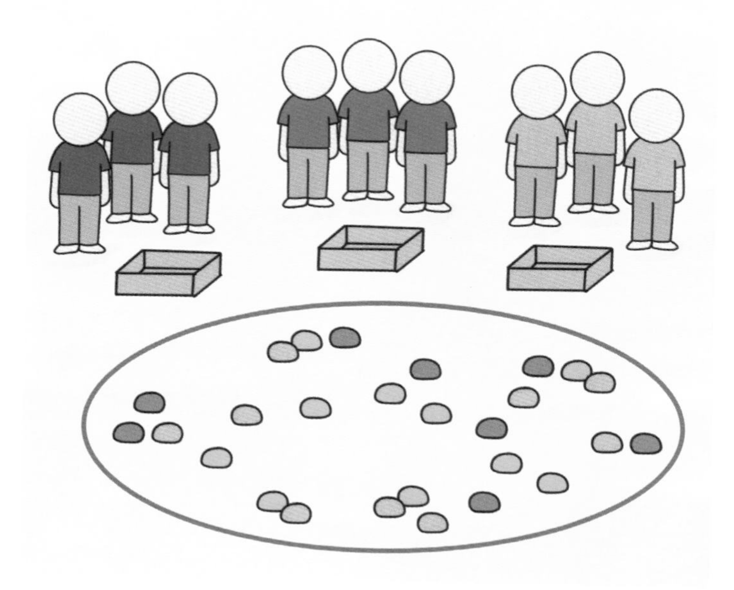

2 교실 바닥에 콩주머니를 흩뜨려 놓고 학생들은 경기장 밖에 대기한다.

신체놀이 꿀팁

콩주머니는 일정 간격을 두고 골고루 놓는다.

3 경기가 시작되면 2명은 수건을 반절로 접어 양 끝을 잡고 콩주머니를 줍는 1명은 수건 중간을 잡아 서로 당기며 콩주머니를 주워 바구니에 넣는다.

신체놀이 꿀팁

콩주머니를 줍는 학생과 그 학생을 당겨 주는 학생이 서로 협동해서 균형을 잘 잡아야 한다. 체격에 차이가 나면 균형이 잘 잡히지 않을 수 있다. 이런 경우 역할을 바꾸어 해 볼 수 있도록 한다. 학급에서 경기를 진행할 경우 경기장이 좁을 수 있으므로 한 경기에 세 팀만 동시에 진행하도록 한다.

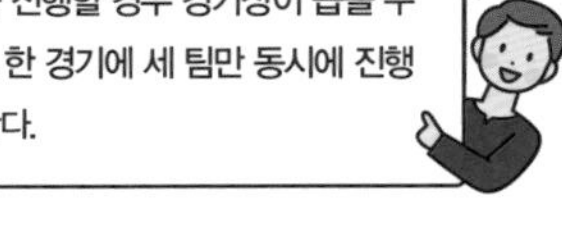

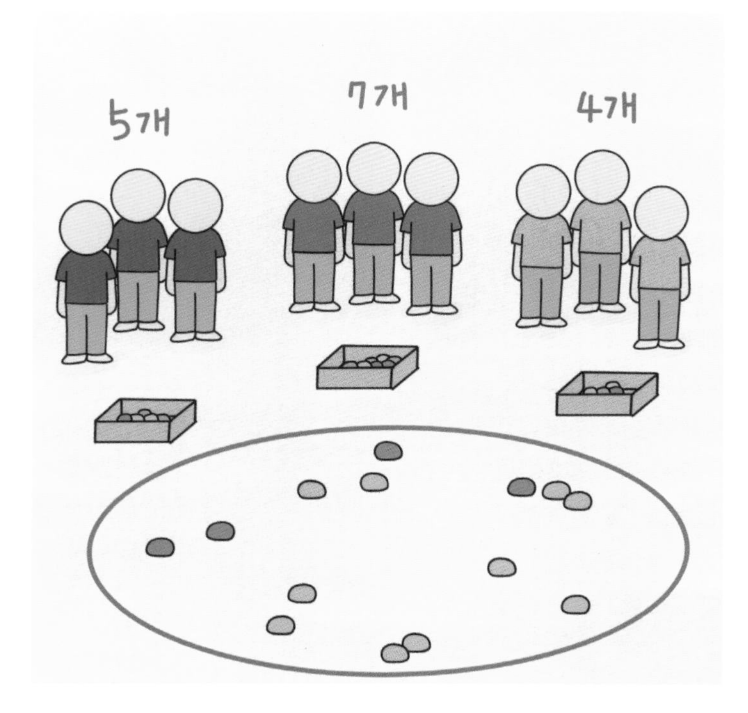

4 제한 시간 내에 콩주머니를 많이 모으는 팀이 승리한다.

신체놀이 꿀팁

콩주머니를 주울 때 서로 당겨 주지 않고 앉아서 줍는 것은 반칙이다. 무릎이 직각으로 구부러지면 주운 콩주머니를 내려놓고 다시 하도록 한다. 가까운 곳에 있는 콩주머니를 모두 주워 주울 콩주머니가 없는 경우 한 발짝 이동하여 진행할 수 있도록 한다.

줄 이어 걷기

• 활동 장소 : 강당/운동장 • 활동 인원 : 전체 • 준비물 : 줄, 고깔, 콩주머니

이 놀이는 팀원들이 협동하여 줄을 계속 이어 주면 줄 위를 균형을 잡고 걸어서 제한 시간 동안 반환점에 있는 콩주머니를 많이 가져온 팀이 승리하는 활동입니다.

줄 이어 걷기 활동 방법

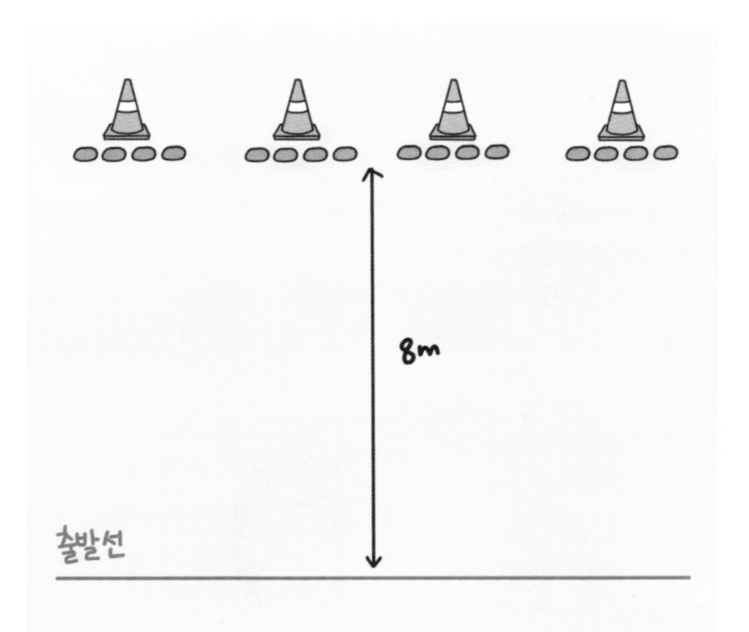

1 팀 수만큼 반환점을 만들고, 콩주머니를 놓는다. 학생들은 출발점 뒤에 서 있는다.

신체놀이 꿀팁

팀은 4~5명으로 구성하고, 팀별로 줄 2개를 나누어 준다. 구성 인원은 학급 실정에 따라 조절하되 최소 3명이 되도록 해 준다. 팀별로 나누어 주는 줄 개수 또한 학생들의 수준에 맞게 변동시킨다. 줄은 줄넘기줄처럼 밟아도 되며 길이가 비슷한 줄을 준비한다. 반환점과 출발선 사이 간격은 8m이다.

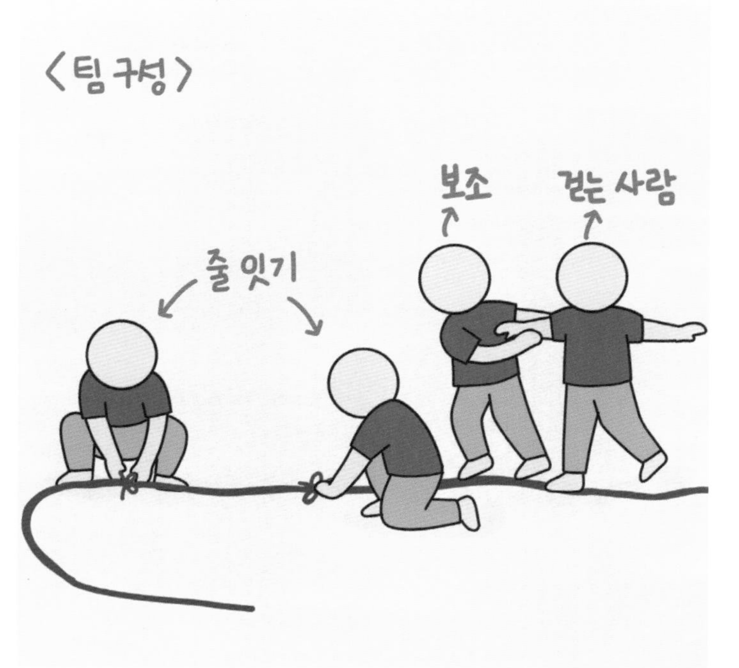

2 팀별로 줄 위를 걷기, 균형잡기 보조하기, 줄을 옮기며 길을 이어 주기 역할과 순서를 정한다.

신체놀이 꿀팁

역할을 번갈아 가며 할 수 있도록 한다.

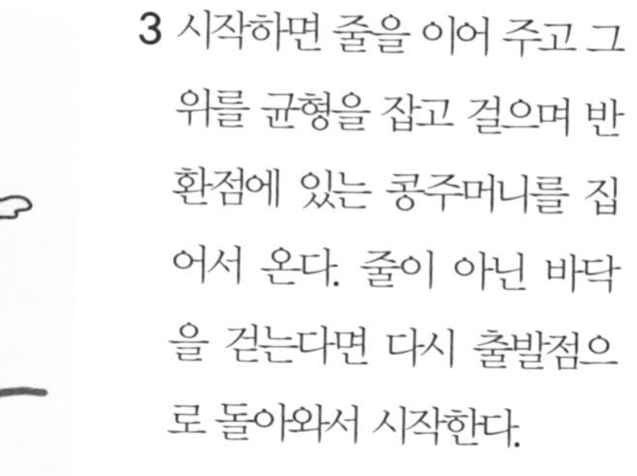

3 시작하면 줄을 이어 주고 그 위를 균형을 잡고 걸으며 반환점에 있는 콩주머니를 집어서 온다. 줄이 아닌 바닥을 걷는다면 다시 출발점으로 돌아와서 시작한다.

신체놀이 꿀팁

속도보다 균형 잡는 것에 집중할 수 있도록 줄이 아닌 바닥을 디딜 시 출발점으로 다시 돌아와서 시작하도록 한다. 만약 반환점을 넘은 상태라면 반환점으로 돌아가서 시작하도록 한다. 또한 줄넘기줄을 이용할 시, 줄넘기 손잡이는 밟지 않고, 줄을 이어 주는 학생의 손을 밟지 않도록 사전에 주의시킨다.

4 출발점에 돌아오면 역할을 바꾸어 반복한다.

신체놀이 꿀팁

줄 위를 걷는 역할을 바꿔 가며 균형을 잡는 경험을 해 보도록 한다.

줄 이어 걷기 활동 방법

1 제한 시간 동안 더 많은 콩 주머니를 가지고 온 팀이 승리한다.

신체놀이 꿀팁

콩 주머니 개수가 적어도 균형을 잘 잡은 모둠, 협동을 잘한 모둠을 칭찬해 준다.

걷기·달리기

놀이 1

미션 걷기

놀이 2

레벨업 가위바위보

미션 걷기

• 활동 장소 : 교실　• 활동 인원 : 전체　• 준비물 : 지시사항, 콘, 음악

이 놀이는 지시사항(미션)을 수행하며 다양한 방법으로 걷기를 연습하는 활동입니다.

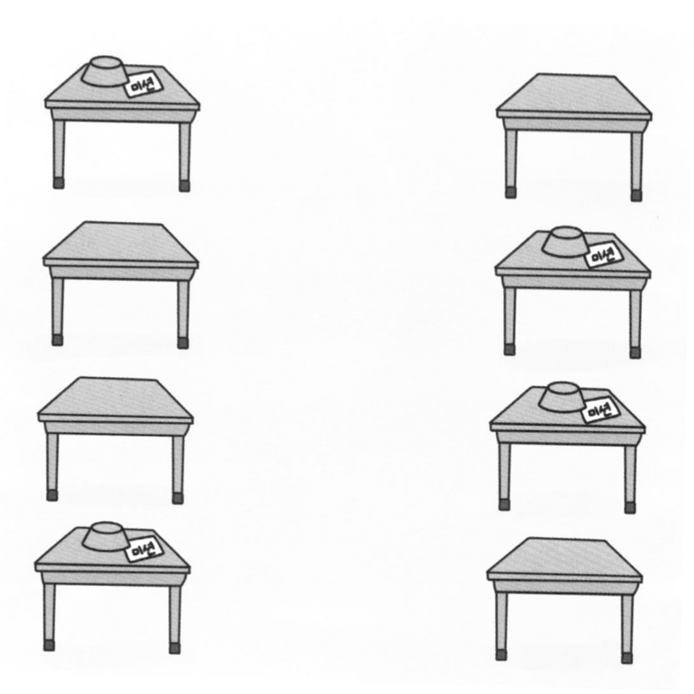

1 책상 위 아무 곳이나 네 군데를 정해서 콘과 함께 미션 종이를 배치한다.

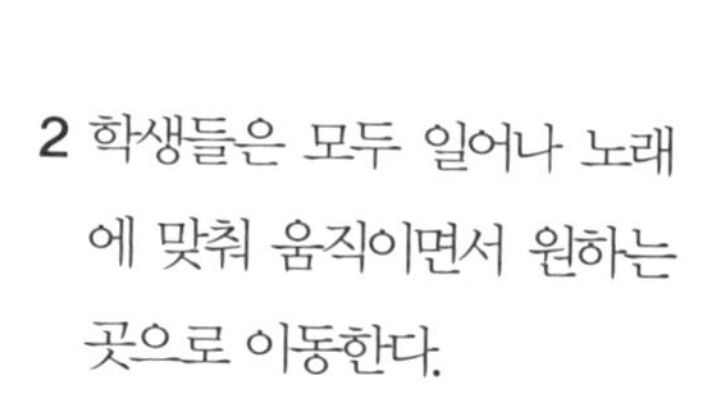

신체놀이 꿀팁

위치는 상관없지만 최대한 떨어뜨려 놓는 것이 좋다. 놀이를 하면서 중간중간 미션 내용과 위치를 바꿔 준다.

2 학생들은 모두 일어나 노래에 맞춰 움직이면서 원하는 곳으로 이동한다.

신체놀이 꿀팁

처음은 자연스러운 걸음으로 이동한다. 뛰거나 과격한 행동으로 다치거나 친구들에게 방해가 되지 않도록 사전에 주의를 주는 것이 좋다.

3 노래가 멈추면 가장 가까운 콘으로 가서 멈추고 미션을 확인한다.

신체놀이 꿀팁

미션의 예시로는 큰 걸음으로 걷기, 조용히 걷기, 새처럼 걷기, 코끼리처럼 걷기, 발끝으로 걷기, 옆으로 걷기, 앉아서 걷기, 뒤로 걷기, 종종걸음으로 걷기, 우아하게 걷기, 용감하게 걷기, 무겁게 걷기, 가볍게 걷기, 미끄러지듯 걷기, 궁금한 듯 걷기 등이 있다.

4 노래가 다시 나오면 미션 종이의 지시사항대로 걸어야 한다. 다음 미션까지 동작 유지!

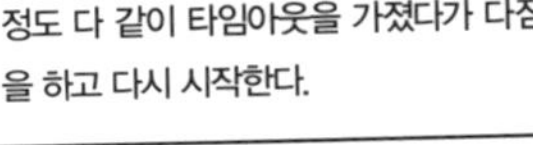

신체놀이 꿀팁

놀이를 하다가 행동이 과격해지면 1분 정도 다 같이 타임아웃을 가졌다가 다짐을 하고 다시 시작한다.

레벨업 가위바위보

• 활동 장소 : 교실　　• 활동 인원 : 전체　　• 준비물 : 숫자콘

이 놀이는 교실 모서리에 1~4 숫자콘을 놓고, 1번 콘부터 순서대로 친구와 가위바위보해 이긴 친구는 다음 콘으로 이동하는 활동입니다.

레벨업 가위바위보 활동 방법

1 1~4 숫자콘을 교실 모서리에 둔다.

신체놀이 꿀팁

숫자콘을 순서대로 놓는다. 숫자콘이 없다면 숫자를 인쇄해 콘에 붙인다.

2 모든 학생은 숫자콘 1에 모인다. 시작과 동시에 같은 단계에 있는 친구들끼리 가위바위보를 한다.

신체놀이 꿀팁

같은 숫자콘에 있는 친구들끼리 가위바위보를 할 수 있다. 가위바위보 대결은 2명이 한다.

3 가위바위보를 이기면 다음 콘으로 이동하고 지면 이동할 수 없다.

신체놀이 꿀팁

예를 들어 2단계에 있는 친구들끼리 가위바위보에 이기면 3단계로 이동하고 같은 단계의 친구가 없다면 친구가 올 때까지 기다린다. 학생들이 빠르게 뛰어다니지 않도록 지도한다.

4 숫자콘 4에서 가위바위보에 이기면 1점을 얻고 다시 콘 1부터 시작한다.

신체놀이 꿀팁

점수 기록 방법은 다음과 같다. 자신의 점수를 기억하기, 칠판에 학생의 이름을 적고 자신이 얻은 점수를 이름 옆에 표시하기, 자석으로 얻은 점수를 표시하기.

높이뛰기 · 멀리뛰기

놀이 1

내 꿈을 높이높이

놀이 2

가라사대 점프점프

내 꿈을 높이높이

• 활동 장소 : 교실　　• 활동 인원 : 전체　　• 준비물 : 전지, 포스트잇

이 놀이는 교실에서 간단한 준비물만 활용해서 높이뛰기를 할 수 있는 활동입니다.

1 교실 벽 한쪽 적당한 높이에 전지를 붙인다.

신체놀이 꿀팁

전지에 미리 목표 높이를 매직으로 표시해도 좋다. 미리 높이를 그려서 도전 활동으로 연계할 수 있다.

2 학생들에게 포스트잇을 2장씩 나누어 주고 포스트잇 각각에 자신의 이름과 소망을 한 가지씩 적는다.

신체놀이 꿀팁

꿈을 적을 때에는 화려한 것이 아니라 사소한 것이라도 가능하다고 학생들에게 설명해 준다. 하루에 책 1권 읽기, 편식하지 않기 등을 예로 들 수 있다.

3 차례대로 전지 앞에서 포스트잇을 잡고 높이뛰기를 하여 최대한 전지 높은 곳에 포스트잇을 붙인다.

신체놀이 꿀팁

높이뛰기가 끝난 후 붙어 있는 포스트잇을 보며 서로의 꿈을 이야기하면서 공유해 본다.

4 교실에 전지를 그대로 전시해 두고, 다음 시간에 더 높이 뛰어 포스트잇을 붙일 수 있도록 한다.

신체놀이 꿀팁

포스트잇에 꿈뿐만 아니라 좋아하는 색깔, 좋아하는 음식 등 다양한 주제를 정해 적어 보는 것도 좋다.

가라사대 점프점프

• 활동 장소 : 강당/운동장 • 활동 인원 : 전체 • 준비물 : 없음

이 놀이는 다양한 방법으로 교사의 구호에 맞춰 높이뛰기를 진행하는 활동입니다.

가라사대 점프점프 활동 방법

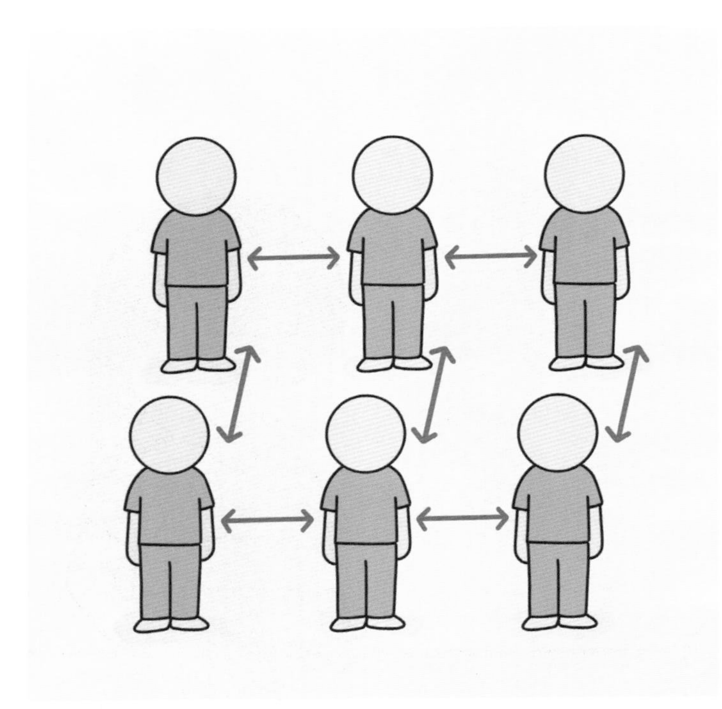

1 앞, 뒤, 옆 사람과 체조할 때 부딪히지 않을 만큼 간격을 두고 줄을 선다.

신체놀이 꿀팁

교실에서 진행할 경우 층간소음이 많이 발생할 수 있으니 강당이나 운동장에서 하는 것을 추천한다.

2 교사는 "뛰어점프 왼쪽", "뛰어 점프 오른쪽", "뛰어점프 앞쪽", "뛰어점프 뒤쪽"의 네 가지 구호 중 한 가지를 학생에게 말하고 학생은 그에 따라 점프하여 움직인다.

신체놀이 꿀팁

학생들이 어느 정도 익숙해지면 모둠발 점프뿐만 아니라 오른발, 왼발 등 다양한 방법으로 점프할 수 있도록 안내한다.

3 학생들이 익숙해지면 가라사대 게임 방식으로 진행할 수 있다. "뛰어점프 왼쪽"이면 움직여야 하지만, "점프 왼쪽"이라고 말하면 움직이면 안 된다.

신체놀이 꿀팁

'가라사대' 놀이에서 명령어 앞에 '가라사대'를 붙여야 따라야 하는 것처럼 '뛰어점프'라는 말이 앞에 붙었을 때만 방향에 맞게 점프할 수 있도록 설명한다.

3부

우리나라

단원 설명

통합교과서의 '우리나라' 단원은 한국의 문화와 전통, 우리 주변의 환경과 생활을 이해하는 데 초점을 둡니다. 학생들은 이 단원에서 우리나라의 명절, 전통놀이, 자연환경 등을 탐구하며 한국의 문화에 친숙해집니다. 따라서 이 책에서는 이러한 요소를 놀이 속에 자연스럽게 녹여 아이들이 몸으로 경험하며 '우리나라'를 이해할 수 있도록 했습니다. 예를 들어, 균형 감각을 기를 수 있는 '원마커 비사치기' 같은 변형 전통놀이, '딱지 도장깨기'처럼 친숙한 전통놀이를 현대적으로 변형한 활동을 통해 우리나라의 놀이 문화를 경험하며 몸으로 배우는 기회를 제공하고자 했습니다.

<table>
<tr><th>기본 움직임 요소</th><th>교실 놀이</th><th>강당이나 운동장 놀이</th></tr>
<tr><td>기본동작
모이기</td><td>같은 보물찾기</td><td>어떤 수가 나올까</td></tr>
<tr><td rowspan="2">몸풀기</td><td>짝짜꿍 거울</td><td rowspan="2"></td></tr>
<tr><td>동물 바구니 2</td></tr>
<tr><td rowspan="2">도구 활용</td><td>딱지 컬링</td><td>딱지 도장깨기</td></tr>
<tr><td>북극곰 뒤집기</td><td>콩주머니 땅따먹기</td></tr>
<tr><td rowspan="3">밀기
당기기
균형잡기</td><td>릴레이 다리 씨름</td><td rowspan="3">원마커 비사치기</td></tr>
<tr><td>돼지 씨름</td></tr>
<tr><td>손에 손잡고 2</td></tr>
<tr><td>걷기
달리기</td><td>주사위 꼬리따기</td><td>구미호 꼬리잡기</td></tr>
</table>

01

기본동작 · 모이기

놀이 1

같은 보물찾기

놀이 2

어떤 수가 나올까

같은 보물찾기

• **활동 장소 : 교실** • **활동 인원 : 전체** • **준비물 : 다양한 물건**

이 활동은 다양한 사물들이 가지고 있는 특징들을 찾아보고, 생각해 보고, 관찰해 보면서 친구들과 이야기해 보는 경험을 제공하는 보물찾기형 놀이입니다.

1 교실을 자유롭게 돌아다니며 주변 물건의 특징들을 살펴본다.

신체놀이 꿀팁

한곳에 가만히 서 있지 않고 주변을 돌아다니면서 색깔, 모양, 냄새, 느낌 등이 어떤지 확인해 보도록 지도하며 학생들이 절대 뛰지 않고 걸어다닐 수 있도록 한다.

노란색
2명

2 선생님이 색과 숫자를 말하면 색이 있는 물건을 찾아 친구들과 숫자에 맞게 모인다.

신체놀이 꿀팁

예를 들어 "노란색!"이 제시되었을 때 찾은 물건이 양말, 연필, 내 머리카락 등 제시한 특징에 맞으면 성공. 활용 주제로는 한글('ㄱ'이 있는 물건), 추상적 표현(미끈미끈, 꺼칠꺼칠, 말랑말랑), 수학(네모, 세모, 동그라미) 등이 있으며, 빨강과 파랑 두 가지 조건을 동시에 충족하도록 활용하는 방법이 있다.

3 모인 친구들이 물건을 정확하게 찾았는지 이야기해 본다. 이야기를 나눈 후, 선생님을 불러 선생님이 확인하면 성공!

신체놀이 꿀팁

못 찾는 친구들이 많을 때는 힌트를 주거나 선생님이 가위바위보를 통해서 얻을 수 있도록 도와준다.

4 선생님이 다음 문제를 낼 학생을 1명 선정하고 이어서 놀이한다.

신체놀이 꿀팁

물건을 찾으면 그 자리에 서서 손 들고 선생님을 부를 수 있도록 하고, 찾은 물건을 다시 제자리에 돌려두는 것을 연습시키면 좋다. 성공했을 때마다 스티커를 한 장씩 옷에 붙여 점수를 기록할 수 있다.

어떤 수가 나올까

• **활동 장소 : 강당/운동장** • **활동 인원 : 전체** • **준비물 : 숫자 원마커**

이 활동은 주사위를 굴려 나온 눈의 수와 같은 수만큼의 인원이 해당 숫자에서 둥글게 손을 잡고 모이는 놀이입니다.

1 학생들이 출발선에 서서 노래를 부르며 천천히 걷다가 노래가 멈추면 선생님은 주사위를 굴린다.

신체놀이 꿀팁

처음 숫자 원마커를 바닥에 깔 때 숫자 1은 생략하고 2부터 시작하여 주사위로 나올 수 있는 최대 수인 6까지 깔아 준다. 그래야 혼자 서지 않고 2명 이상이 모이는 움직임 요소를 충족할 수 있다.

2 학생들이 주사위 눈의 수를 확인한 후 해당 숫자가 써 있는 숫자콘에 가서 같은 수만큼의 인원이 손을 잡고 둥글게 선다.

신체놀이 꿀팁

가장 먼저 도착한 친구가 원마커를 밟고 서고 그다음에 도착한 친구는 처음 도착한 친구의 손을 잡고 서면서 자연스럽게 원이 되도록 한다. 그래야 서로 먼저 왔다고 싸우는 상황을 방지할 수 있다.

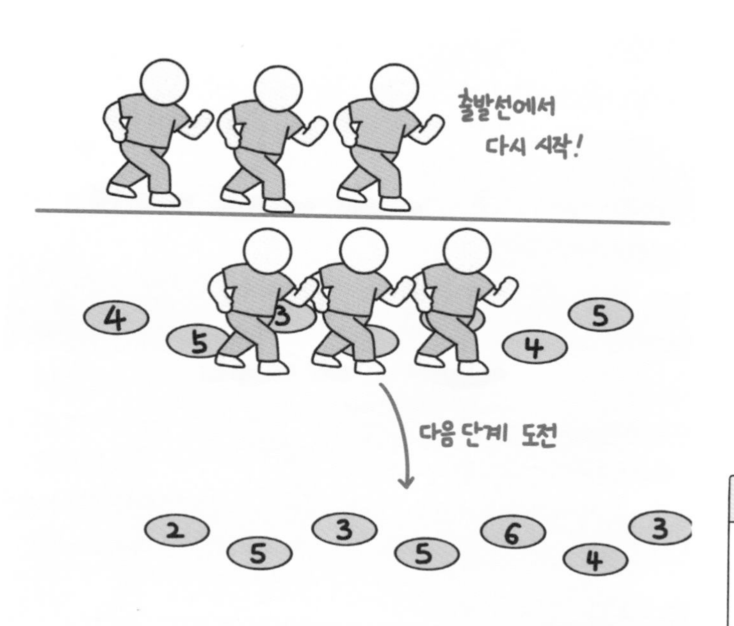

3 노래가 나오면, 통과한 친구들은 계속 전진하여 다음 칸으로 향한다. 나머지 친구들은 다시 출발점으로 가서 시작한다.

신체놀이 꿀팁

첫 도전에 실패한 학생들은 출발선으로 가서 서고 1단계를 통과한 학생들은 1단계에 서 있다가 주사위 수를 확인하고 다음 칸으로 가서 모여 선다.

4 도착점에 먼저 도착한 친구들이 우승한다.

도착선

신체놀이 꿀팁

마지막 원마커 라인에 도착한 친구들은 다음 턴에 주사위를 굴리면 도착선으로 넘어온다. 6명 미만이 남을 때까지 반복하여 놀이한다.

몸풀기

놀이 1

짝짜꿍 거울

놀이 2

동물 바구니 2

짝짜꿍 거울

· 활동 장소 : 교실 · 활동 인원 : 2인 1조 · 준비물 : 없음

이 활동은 짝끼리 마주 보고 서서 신체의 이름과 위치 그리고 방향을 배우는 거울 놀이입니다.

1 짝끼리 가위바위보를 하여 이긴 사람이 리더가 되고 진 사람은 거울이 된다.

신체놀이 꿀팁

가위바위보를 할 때 온몸 가위바위보나 묵찌빠로 대신할 수 있다.

2 리더가 거울을 짚는 것처럼 손을 위로 뻗으면 거울인 사람은 손을 뻗어서 마주친다.

신체놀이 꿀팁

거울인 학생은 리더가 내미는 손에 자신의 손을 짝짜꿍 세 번 치고 리더는 짝짜꿍 후 아래, 왼쪽, 오른쪽 등 방향을 자유롭게 바꿔 주며 반복한다.

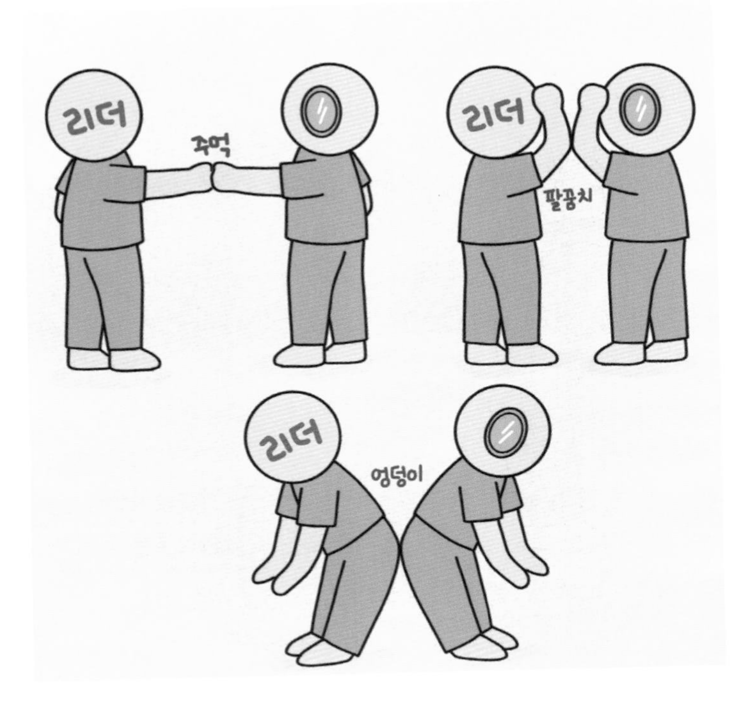

3 리더가 신체 부위를 골고루 두세 개씩 이어서 뻗으면 거울인 사람은 따라 짚는다.

신체놀이 꿀팁

손을 맞대는 것에 익숙해지면 '주먹–팔꿈치–어깨', '등–엉덩이–발바닥' 등 연속하여 이어 붙일 수 있는 신체 부위를 찾아서 활동해 본다.

4 신체 부위를 짚고 이동한다.

신체놀이 꿀팁

이어 붙이기 활동에 익숙해졌다면 맞댄 신체 부위를 떨어뜨리지 않고 유지한 채 이동해 본다. '손바닥 대고 원 돌기', '앉아서 발바닥 대고 두드리기', '엎드려서 손 잡고 돌기' 등이 있다.

동물 바구니 2

• 활동 장소 : 교실/강당 • 활동 인원 : 전체 • 준비물 : 의자

이 활동은 하늘/땅/바다 세 가지 중 하나를 선택하고 술래에게 동물이 사는 곳과 종류를 묻고 답한 후 흉내 내며 자리를 바꾸는 따라 하기 놀이입니다.

동물 바구니 2 활동 방법

1 하늘/땅/바다 역할을 정한다. 술래에게 "어디에 사는 동물이니?"라고 묻는다.

신체놀이 꿀팁

교실 책상을 모두 밀고 '교실 전체 인원 수 – 1'만큼 의자를 준비하여 원 대형으로 앉은 후 1명은 가운데에 서도록 한다. 의자에 앉은 순서대로 하늘/땅/바다/하늘/땅/바다로 역할을 정해 준다. 앉은 학생들은 동시에 "어디에 사는 동물이니?"라고 묻고 술래가 제시하는 장소와 동물의 행동을 기다린다.

2 술래는 하늘/바다/땅 중 한 곳에 사는 동물 이름을 말한 후 동물 흉내를 낸다.

신체놀이 꿀팁

술래는 '장소 + 동물(하늘에 사는 + 비둘기)'을 말하며 흉내를 낸다. 예를 들어, "하늘에 사는 비둘기"라고 말한 후 비둘기 흉내를 내며 다른 자리로 이동하여야 한다.

3 술래가 말한 장소에 해당하는 학생들은 술래를 흉내 내며 자리를 이동한다.

신체놀이 꿀팁

술래가 말한 장소(하늘/땅/바다)에 해당하는 학생들은 자리에서 일어나서 술래의 동작을 따라 하며 자리를 바꾼다. (술래가 제시한 하늘에 해당하는 학생들이 일어나서 자리를 바꿈.) 술래와 다른 방식으로 표현해도 된다고 지도하면 더욱 재미있는 표현활동이 된다.

4 자리에 앉지 못한 1명의 학생은 다음 술래가 되어 다음 동물 이름을 제시한다.

신체놀이 꿀팁

자리를 찾지 못한 학생은 다음 술래가 되어 놀이를 반복한다. 앉아 있는 학생들이 "어디에 사는 동물이니?"라고 묻고 가운데 있는 술래가 ["OO(장소)에 사는 OOO(동물 이름)"을 말한다.]

도구 활용

놀이 1

딱지 컬링

놀이 2

딱지 도장깨기

놀이 3

북극곰 뒤집기

놀이 4

콩주머니 땅따먹기

딱지 컬링

• 활동 장소 : 교실/강당 • 활동 인원 : 전체 • 준비물 : 양면 딱지

이 활동은 딱지를 컬링하듯 밀어 보내고, 상대 팀은 구역 안에 들어온 딱지를 쳐서 뒤집어 승부를 겨루는 딱지치기형 놀이입니다.

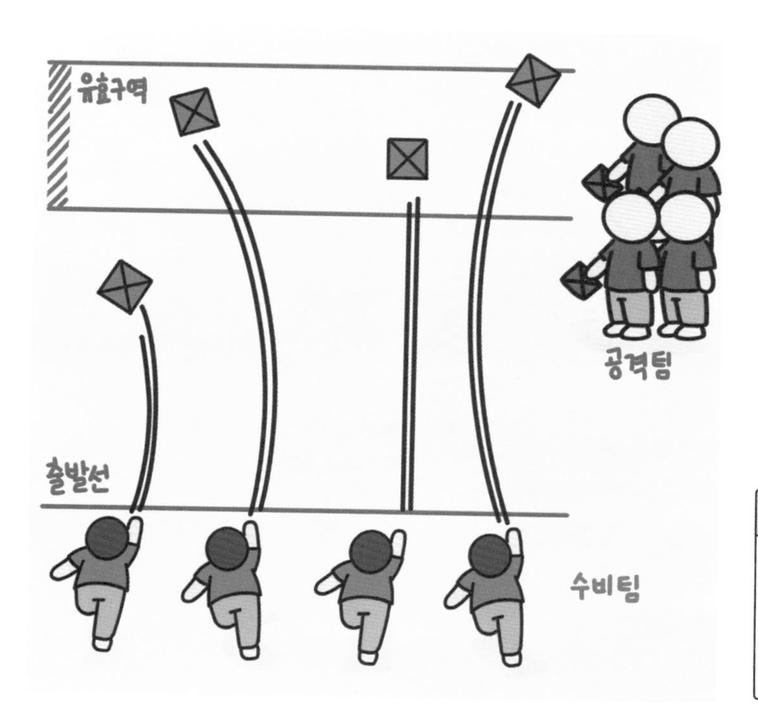

1 수비팀은 출발선에서 구역 안으로 딱지를 밀어 보낸다.

신체놀이 꿀팁

딱지는 바닥에 대고 밀어 보내도록 하고, 던지지 않도록 한다. 수비팀 전원이 딱지를 구역 안으로 밀어 보낸 것을 확인한 후 공격을 시작하도록 한다.

2 공격팀은 구역 안의 딱지를 쳐서 뒤집는다.

신체놀이 꿀팁

딱지를 치는 학생들은 자유롭게 돌아다니며 원하는 딱지를 다양한 방법으로 횟수 제한 없이 칠 수 있다.

3 공격팀은 뒤집기에 성공한 딱지를 구역 밖으로 밀어낸다.

신체놀이 꿀팁

뒤집힌 딱지를 밀어낼 때 출발선에서 먼 곳 즉, 유효구역 근처로 밀어내야 수비팀이 딱지를 회수하는 데 시간이 오래 걸린다는 점을 안내한다.

공격팀은 유효구역 안 딱지를 계속 뒤집는다.

유효구역에 들어가지 못한 딱지

공격팀이 밖으로 밀어낸 딱지

다시 유효구역 안으로 밀어 넣는다.

4 수비팀은 구역 밖의 딱지를 챙겨 출발선으로 돌아와 다시 구역 안으로 딱지를 밀어 보낸다.

신체놀이 꿀팁

구역 밖으로 밀려난 딱지가 자신의 것이 아니더라도 빠르게 회수하여 구역 안으로 다시 밀어 보낸다.

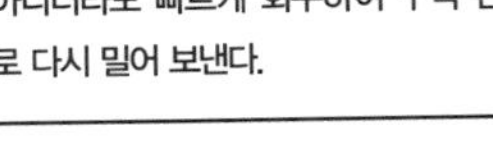

5 제한 시간이 끝날 때까지 활동을 반복한 후 공수교대한다. 두 팀 중 구역 안에 남은 딱지 수가 더 많은 팀이 승리한다.

딱지 도장깨기

• 활동 장소 : 강당　　• 활동 인원 : 전체　　• 준비물 : 양면 딱지

이 활동은 도착선에서 가장 먼 딱지부터 시작하여 도착선에 가장 가까운 딱지까지 도장깨기를 해 나가는 딱지치기형 놀이입니다.

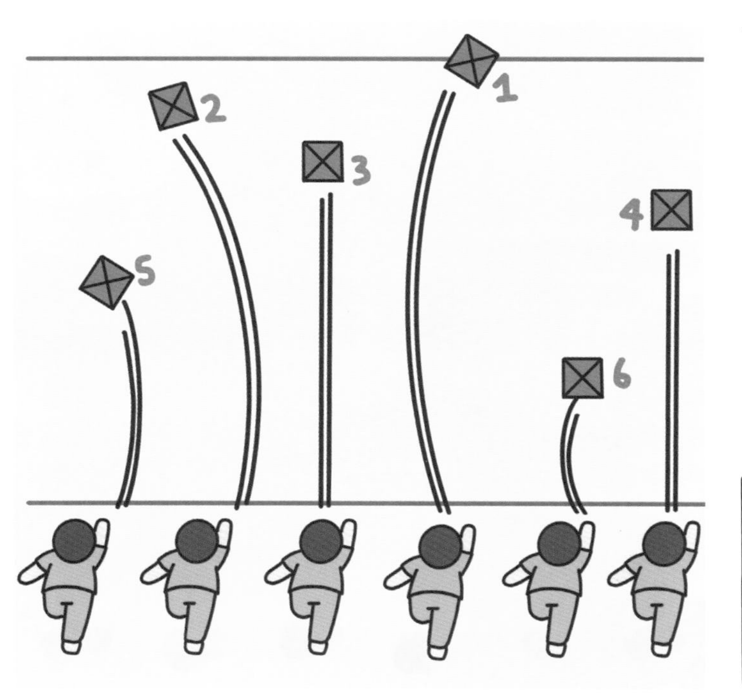

1 도착선에 가까이 도착하도록 딱지를 밀어 보낸다.

신체놀이 꿀팁

한 팀당 인원은 6명 내외로 하여 도장깨기가 너무 어렵지 않도록 한다. 딱지가 도착선을 넘은 경우 이를 찾아 와 출발선에서 다시 밀어 보낼 수 있도록 한다.

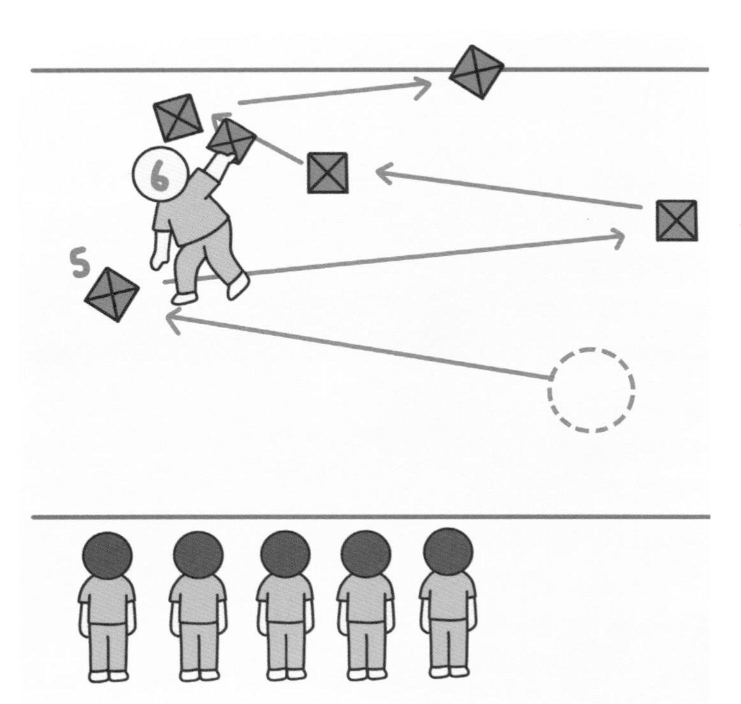

2 도착선에서 가장 먼 딱지의 주인은 자신과 가까운 딱지부터 쳐서 넘긴다.

신체놀이 꿀팁

7명이 참여한 경기에서 7번째 딱지 주인은 6-5-4-3-2-1 순서로 딱지를 치며 도장깨기 한다. 넘기지 못한 딱지의 순서가 자신의 최종 등수가 된다. 예를 들어, 7번째 딱지가 5번째 딱지를 넘기지 못한 경우, 최종 등수는 5등이다. 단, 첫 도전 딱지부터 넘기지 못한 경우 한 번의 기회를 추가 부여한다.

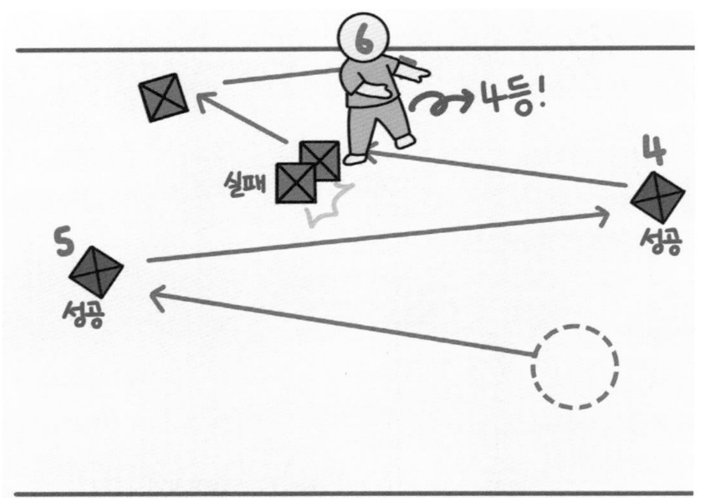

3 마지막으로 넘긴 딱지의 순서가 자신의 등수가 된다.

신체놀이 꿀팁

딱지를 칠 수 있는 기회를 조절해 준다. 횟수로 정하거나 제한 시간 내에 여러 번 시도할 수 있게 해 주는 방법 등이 있다.

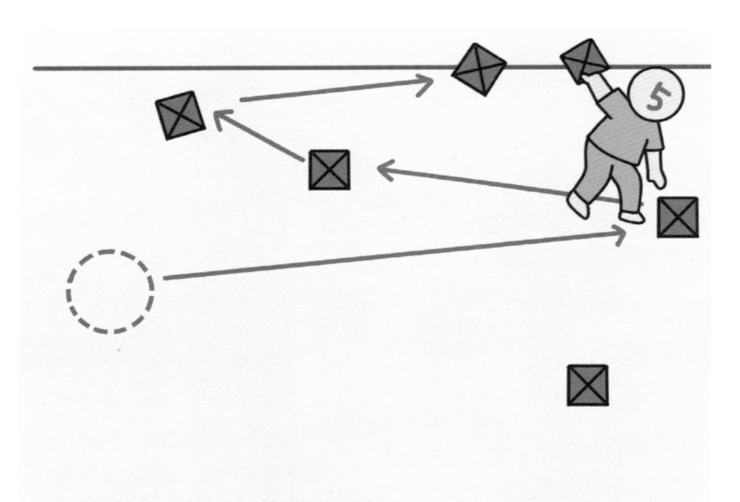

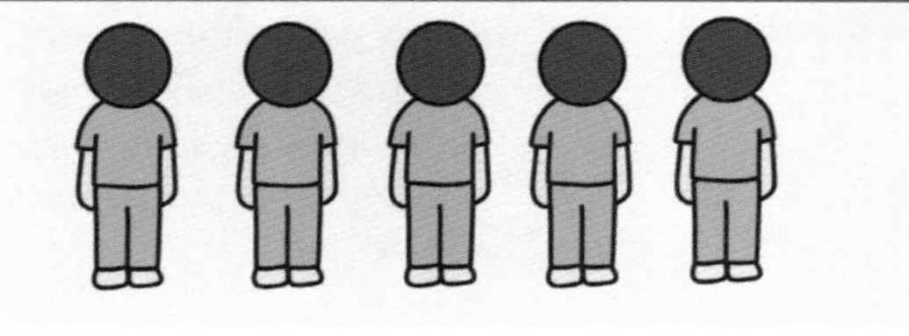

4 그다음 순서의 딱지 주인도 자신의 앞에 있는 딱지를 쳐서 넘기며 남은 딱지들을 도장깨기 한다.

신체놀이 꿀팁

앞선 친구가 넘긴 딱지는 다시 뒤집지 않고 그대로 둔 상태에서 이어 친다.

5 도착선에 가장 가까이 있는 딱지의 주인은 자신의 딱지 바로 뒤에 있는 딱지만 넘기면 도장깨기에 성공한다.

신체놀이 꿀팁

가까이 밀어낸 사람은 도장깨기에 성공할 확률이 높다는 것을 미리 알려 준다.

북극곰 뒤집기

• 활동 장소 : 교실 • 활동 인원 : 두 팀 경쟁 • 준비물 : 펀스틱, 색판

색판으로 원을 만들고 그 안에서 펀스틱을 든 술래(북극곰)가 색판을 뒤집는 학생들에게서 색판을 지키는 놀이입니다.

1 공격, 수비 두 팀으로 나누고 수비팀에서 술래를 1명 정한다. 술래는 펀스틱을 들고 원 안에 서고 주변에 판을 놓는다.

신체놀이 꿀팁

양면의 색이 다른 판으로 준비하고 한 가지 색으로 술래 주변 가까이에 배치한다. 원을 그리기 힘들 때는 판으로 원을 만들어 주면 된다.

2 공격팀은 호각이 울리면 술래 주변에 있는 판을 뒤집는다. 판을 뒤집다가 술래의 펀스틱에 맞으면 아웃된다.

신체놀이 꿀팁

공격팀은 판이 놓인 위치에서 옮겨서는 안 된다. 제자리에 있는 상태에서 재빨리 뒤집기만 할 수 있도록 안내한다. 딱지를 뒤집다가 술래에게 맞으면 아웃되어 밖으로 나간다. 술래는 원 밖으로 나갈 수 없다.

북극곰 뒤집기 활동 방법

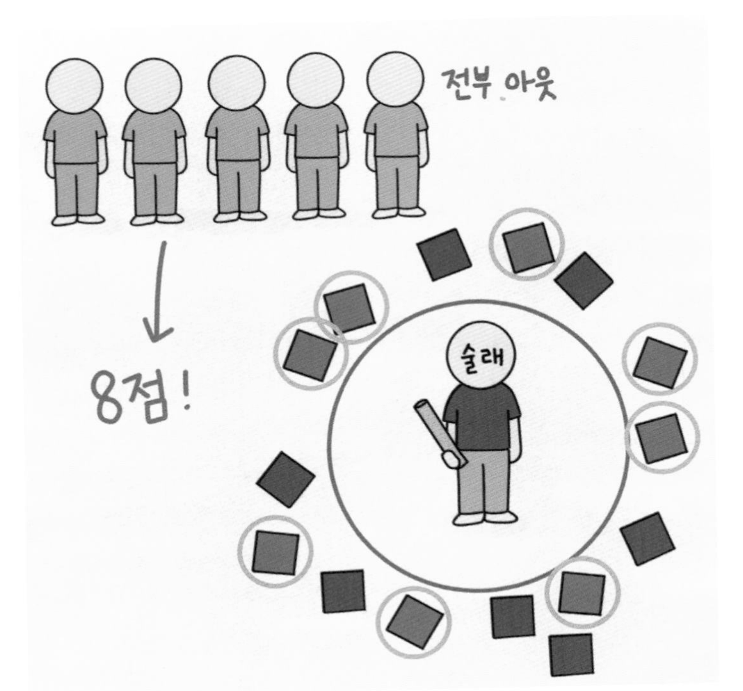

3 모두 아웃되면 뒤집은 판의 개수로 점수를 부여하고 공수를 교대하여 반복한다.

신체놀이 꿀팁

뒤집힌 판으로 점수를 부여하고 공격팀에서 술래를 1명 뽑아 공격과 수비 역할 바꿔서 놀이한다. 모두 술래가 되어 볼 수 있도록 인원수에 맞게 반복한다.

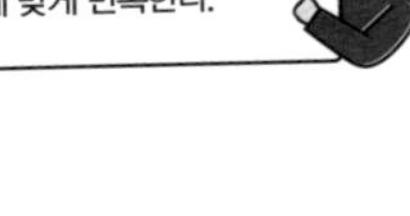

콩주머니 땅따먹기

• 활동 장소 : 강당　　• 활동 인원 : 전체　　• 준비물 : 훌라후프, 콩주머니

이 활동은 자기 팀의 콩주머니를 훌라후프에 넣거나 상대 팀의 콩주머니를 빼는 것 중에 선택하여 훌라후프 안에 콩주머니가 많은 쪽 팀이 훌라후프를 점령하는 놀이입니다.

콩주머니 땅따먹기 활동 방법

1 양 팀은 콩주머니의 색을 정하고 콩주머니를 하나씩 든 채 출발선에 늘어선다.

신체놀이 꿀팁

활동 전, 일렬로 서서 하는 방식으로 연습을 하면 본 놀이를 더욱 잘 이해할 수 있다. 처음 시작할 때는 모두 콩주머니를 하나씩 들고 가도록 한다. 부딪히지 않도록 학생 간 간격을 벌려 주고 시작하면 좋다.

2 신호와 함께 달려가서 훌라후프에 콩주머니를 넣고 출발선으로 돌아온다.

신체놀이 꿀팁

콩주머니의 개수는 '팀당 인원수 + 5개' 정도가 적당하며, 콩주머니를 넣을 때는 멀리서 던져 넣는 것은 안 되도록 한다.

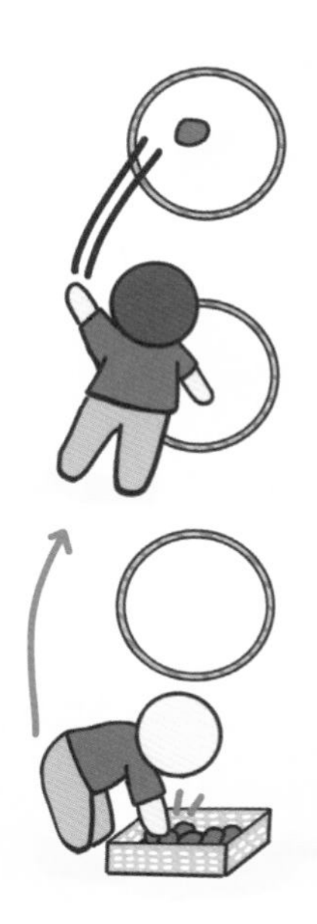

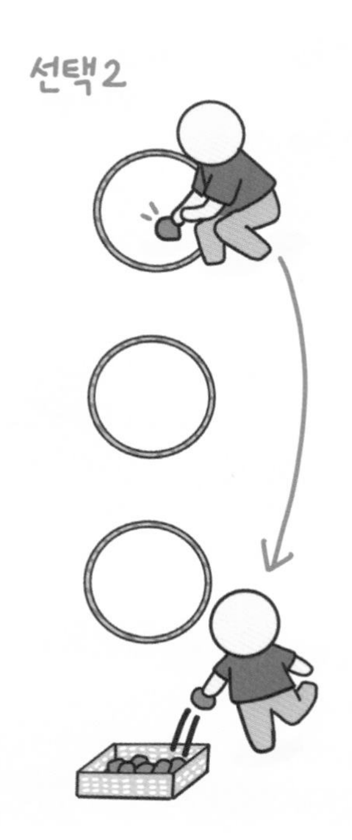

3 콩주머니 통에서 우리 편 콩주머니 1개를 가져가서 훌라후프에 넣거나, 빈손으로 훌라후프로 달려가서 상대 팀의 콩주머니를 가지고 돌아올 수 있다.

신체놀이 꿀팁

한 번에 콩주머니를 하나씩 가져가며 뺀 콩주머니는 반드시 출발선 앞에 있는 훌라후프에 넣어야 하며, 던져서 떨어질 경우 다시 집어서 제대로 넣도록 한다. 콩주머니를 뛰는 중간에 가로채거나 빼지 못하게 막는 행동은 금지한다.

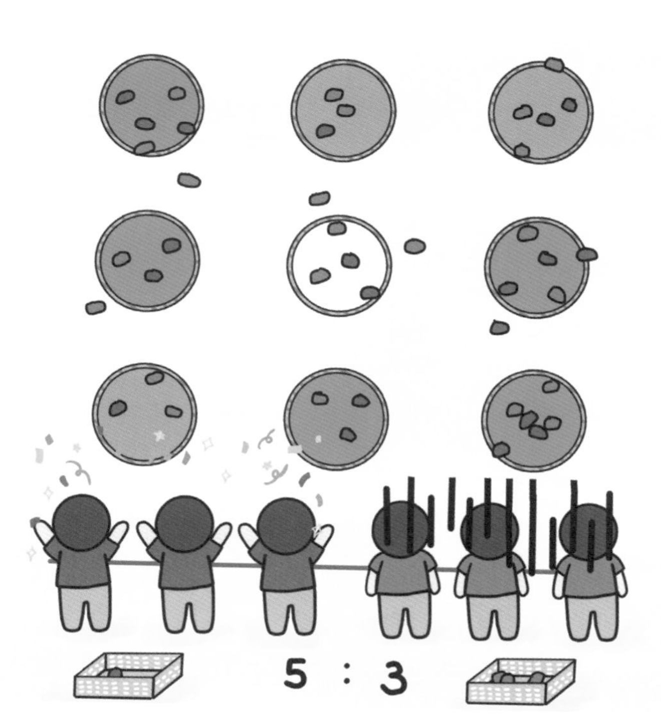

4 제한 시간 후 훌라후프 안에 같은 색 콩주머니가 많은 팀이 훌라후프를 차지하고 훌라후프가 많은 팀이 승리한다.

신체놀이 꿀팁

콩주머니의 개수는 팀당 '인원수 + 5개' 정도가 적당하며, 콩주머니를 넣을 때는 멀리서 던져 넣는 것은 안 되도록 한다. 계속해서 달리는 활동이므로 시간은 1~2분이 적당하다. 시간이 종료된 후에는 더 이상 콩주머니를 넣을 수 없으며 들고 있던 콩주머니는 시작점에 넣도록 한다.

밀기 · 당기기 · 균형잡기

놀이 1

릴레이 다리 씨름

놀이 2

돼지 씨름

놀이 3

손에 손잡고 2

놀이 4

원마커 비사치기

릴레이 다리 씨름

• 활동 장소 : 교실　• 활동 인원 : 전체　• 준비물 : 의자

이 활동은 두 줄로 마주 보고 의자에 앉고, 가위바위보를 해서 이긴 사람은 다리를 벌리고 진 사람은 다리를 못 벌리도록 막는 놀이입니다.

1 의자를 인원수만큼 준비하고 마주 보고 앉아서 가위바위보를 한다.

신체놀이 꿀팁

교실에서 책상을 모두 치우고 2인 1조로 마주 보도록 의자를 배치한다. 이성 간의 접촉에 민감한 학생이 있는 경우 학생들을 남자팀과 여자팀으로 나누어 동성 간에 놀이를 하도록 한다.

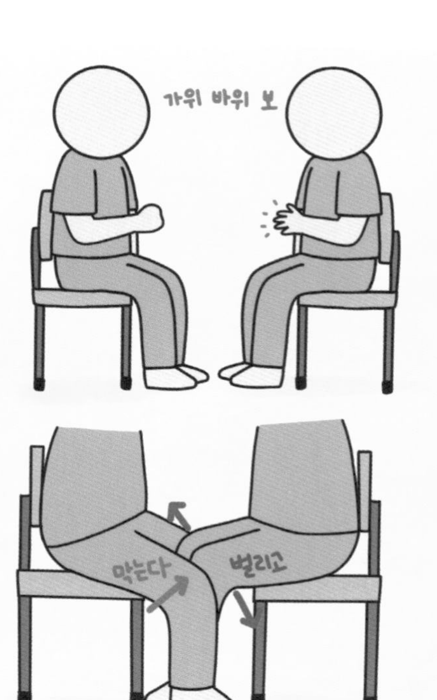

2 가위바위보를 이긴 사람이 다리를 벌리고, 가위바위보를 진 사람이 다리를 벌리지 못하게 막는다.

신체놀이 꿀팁

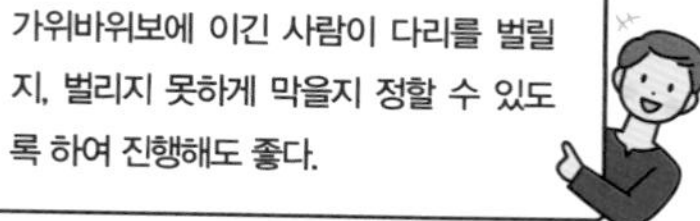

가위바위보에 이긴 사람이 다리를 벌릴지, 벌리지 못하게 막을지 정할 수 있도록 하여 진행해도 좋다.

릴레이 다리 씨름 활동 방법

3 교사가 10초를 셀 동안, 가위바위보에 이긴 사람이 다리를 벌리는 것에 승리하면 1점을 얻는다. 가위바위보에 진 사람이 다리 벌리는 것을 막으면 1점을 얻는다.

신체놀이 꿀팁

다리가 좌우로 완전히 쫙 벌어져야 성공한 것으로 정한다.

4 다리 씨름 한 판이 끝나면, 한 칸씩 오른쪽(반시계방향)으로 이동해서 새로운 짝을 만나 활동을 이어 나간다.

신체놀이 꿀팁

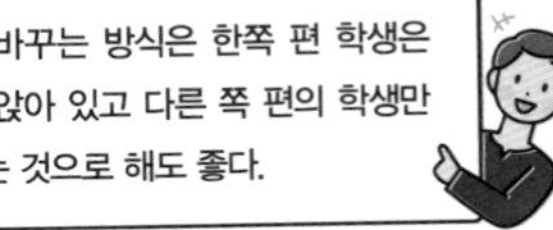
자리를 바꾸는 방식은 한쪽 편 학생은 가만히 앉아 있고 다른 쪽 편의 학생만 움직이는 것으로 해도 좋다.

돼지 씨름

• 활동 장소 : 교실　　• 활동 인원 : 전체　　• 준비물 : 매트

이 놀이는 앉아서 다리 밑으로 손깍지를 낀 채 이동하며 상대방을 매트 밖으로 밀거나, 발을 이용해 뒤집는 활동입니다.

1 두 팀으로 나눈 후 매트 위에 앉아 다리 밑으로 손깍지를 낀다.

신체놀이 꿀팁

매트의 크기에 따라 너무 비좁지 않도록 적당한 인원수를 유지해 준다. 처음 시작할 때는 상대방과 1 : 1로 등을 맞대고 있도록 하는 것이 좋다.

2 등으로 밀거나 발을 이용하여 상대방을 들어 올린다.

신체놀이 꿀팁

상대방을 밀 때는 반드시 등을 이용해야 다치지 않는다는 것을 알려 준다. 발을 이용할 때도 다치지 않도록 신발을 벗고 활동하며 안전을 위해 발로 차는 행동은 금지한다.

3 손깍지가 풀리거나, 등이 땅에 닿거나, 매트 밖으로 떨어지면 아웃이다.

신체놀이 꿀팁

공격당하지 않고 스스로 이동하다가 손깍지가 풀려도 아웃으로 한다. 등이 땅에 닿기 전에 균형을 잡고 다시 일어서면 노아웃으로 한다. 매트 밖으로 신체 일부만 떨어져도 아웃으로 한다.

손에 손잡고 2

• 활동 장소 : 교실 • 활동 인원 : 짝/모둠 • 준비물 : 없음

이 활동은 짝끼리 등을 맞대고 팔짱을 낀 채로 앉은 후 서로 밀고 당기며 제자리에서 일어나는 협동형 놀이입니다.

손에 손잡고 2 활동 방법

1 짝끼리 무릎을 세우고 등을 마주 댄 채로 팔짱을 끼고 바닥에 앉는다.

신체놀이 꿀팁

발을 댈 때 발바닥이 바닥에 완전히 닿도록 하고 무릎을 구부린 자세를 유지해야 한다. 또 팔짱을 낀 상태에서 등을 맞대야 서로 지지가 되어 일어나기가 쉽다.

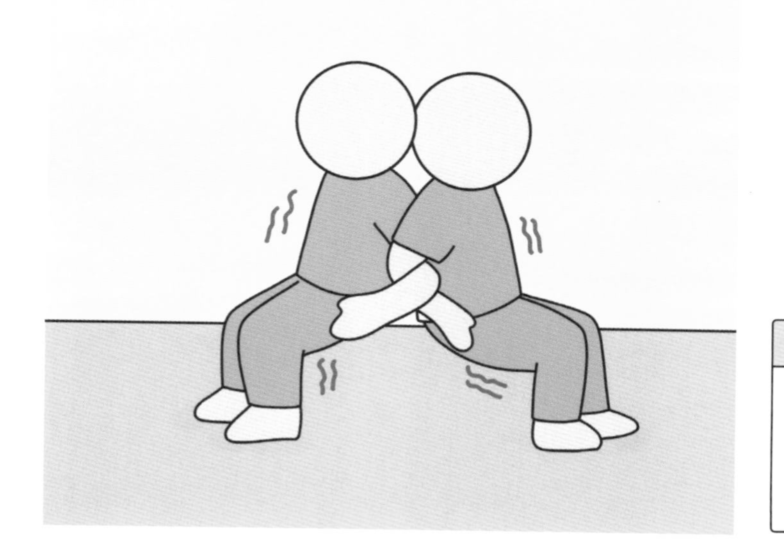

2 교사의 신호에 따라 서로 밀어 주며 동시에 자리에서 일어난다.

신체놀이 꿀팁

발로 땅을 밀어내는 느낌으로 일어나야 한다. 이때 미는 힘과 일어나는 타이밍을 잘 맞추어야 한쪽으로 쏠리지 않고 균형을 잡아 일어날 수 있다.

3 3명 이상(모둠) 등을 맞대고 앉은 상태에서 서로 팔짱을 끼고 놀이한다.

신체놀이 꿀팁

짝과 함께 일어나기에 성공했다면 1명씩 인원을 추가하며 진행한다. 팔짱 끼기에서 손을 잡고 일어나기로 바꾸어 진행하면 조금 더 쉽게 일어날 수 있다.

원마커 비사치기

• **활동 장소 : 강당** • **활동 인원 : 전체** • **준비물 : 원마커, 비석**

이 활동은 원마커가 징검다리 역할을 하며 도착점으로 이동하여 비석을 쓰러트리는 놀이입니다.

원마커 비사치기 활동 방법

1 출발선과 도착선을 그리고 두 팀으로 나눈 후 팀당 원마커와 비석을 두 개씩 갖는다.

신체놀이 꿀팁

놀이 운영 방식 및 학교에 준비된 교구의 수에 따라 놀이를 재구성할 수 있다. 교구가 충분하다면, 각자 원마커와 비석을 2개씩 가지고 하면 원활한 놀이 진행에 좋다.

2 원마커로 길을 이어 가며 도착선에 도달하면 비석을 세우고 던져서 맞춘 후 다시 세워 놓고 돌아온다.

신체놀이 꿀팁

원마커를 앞으로 깔고 뒤에 있는 원마커를 수거하여 다시 앞으로 까는 방식으로 길을 만들어 간다. 비석을 던지는 위치는 마지막 원마커를 놓은 곳으로 한다.

3 다음 주자가 이어서 반복한다.

신체놀이 꿀팁

비석을 맞추지 못하면 맞출 때까지 다시 던진다. 성공하면 원마커와 비석을 수거해서 다음 주자에게 전달하여 이어 놀이할 수 있도록 한다.

4 모든 팀원이 도착선으로 먼저 돌아오는 팀이 승리한다.

신체놀이 꿀팁

먼저 돌아온 팀은 자리에 앉아 끝났다는 신호를 준다.

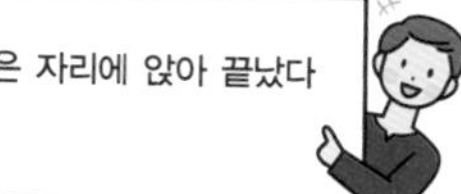

걷기 · 달리기

놀이 1

주사위 꼬리따기

놀이 2

구미호 꼬리잡기

주사위 꼬리따기

• 활동 장소 : 교실　　• 활동 인원 : 두 팀 경쟁　　• 준비물 : 꼬리, 주사위

이 활동은 공격팀과 수비팀으로 나뉘어 주사위를 굴려 나오는 수만큼 한 발씩 이동하여 공격팀이 수비팀의 꼬리를 따는 놀이입니다.

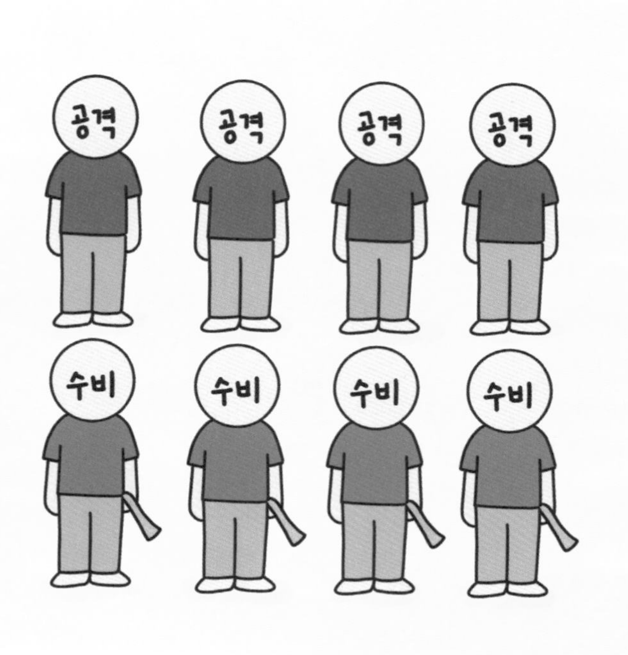

1 공격과 수비 두 팀으로 나뉘어 수비팀은 꼬리를 단다.

신체놀이 꿀팁

꼬리가 없다면 꼬리를 따는 것 대신 신체를 터치하는 활동으로 변형 가능하다.

2 수비팀의 1명이 주사위를 던져 나오는 수만큼 멀리 뛰어 이동한다.

신체놀이 꿀팁

수비팀에서 주사위만 던지는 학생 1명을 정하면 원활한 놀이 진행에 도움이 된다.

3 공격팀의 1명이 주사위를 던져 나오는 수만큼 멀리 뛰어 이동한 후, 제자리에서 수비팀의 꼬리를 딴다.

신체놀이 꿀팁

공격팀에서도 전문 주사위꾼을 1명 정하도록 한다. 한 발을 숫자 1로 카운트한다. 모둠발 뛰기로 진행해도 좋다.

4 모두 아웃시킬 때까지 반복한 후 공수를 교대한다.

신체놀이 꿀팁

모두 아웃되기까지 몇 번 주사위를 굴렸는지 기록하여 팀별 경쟁 활동으로 진행할 수 있다.

구미호 꼬리잡기

• 활동 장소 : 강당/운동장 • 활동 인원 : 전체 • 준비물 : 꼬리(4색)

이 활동은 4가지 색의 꼬리를 모두 획득한 사람이 구미호가 되고, 구미호가 많은 팀이 승리하는 꼬리따기형 놀이입니다.

구미호 꼬리잡기 활동 방법

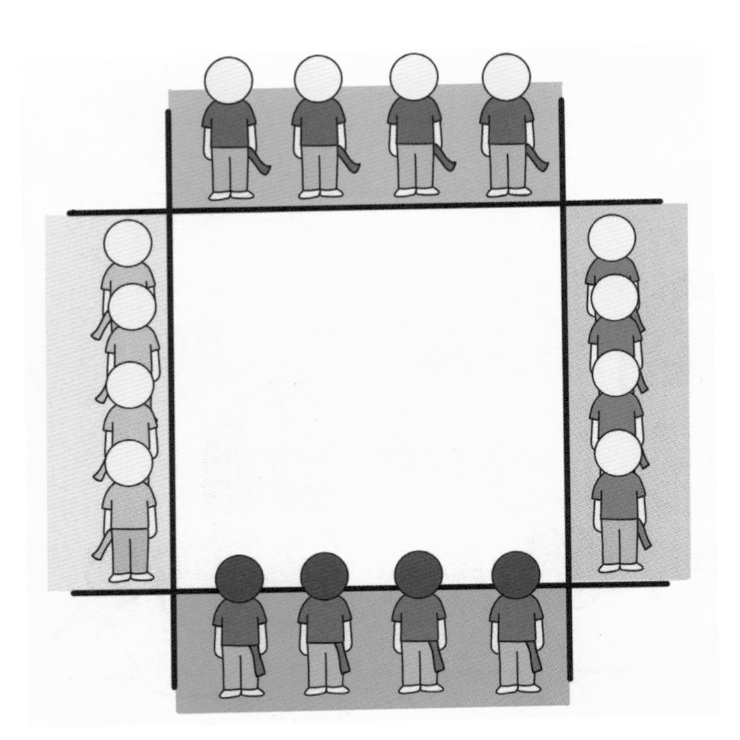

1 팀별로 색을 달리하여 꼬리를 달고 각자의 팀 영역에 대기한다.

신체놀이 꿀팁

빨강, 노랑, 초록, 파랑 4가지 색 꼬리를 준비하여 팀별로 색을 달리해 꼬리를 단다.

2 교사의 신호에 따가 경기장 안으로 들어가 다른 팀의 꼬리를 잡아서 뗀다.

신체놀이 꿀팁

꼬리를 떼면서 신체를 밀거나 당기는 등 힘을 과도하게 사용하지 않도록 사전에 약속한다. 뗀 꼬리를 다는 동안에는 다른 친구들이 공격할 수 없으며, 같은 색 꼬리가 2개이면 같은 팀 친구에게 나눔할 수 있다.

3 꼬리를 빼앗긴 사람은 자기 팀 영역으로 돌아간다. 이때 경기장 안에 있는 사람의 꼬리를 뗄 수 있다.

신체놀이 꿀팁

자기 팀 영역에 한 발을 둔 채로 나머지 한 발은 경기장 안으로 들어올 수 있게 하여 아웃된 사람도 계속 참여할 수 있도록 한다.

4 정해진 시간 동안 4가지 색 꼬리를 모두 가진 구미호가 많은 팀이 승리한다.

신체놀이 꿀팁

4가지 꼬리를 모두 가진 구미호가 없다면, 꼬리를 가장 많이 획득한 팀이 승리한다.

4부

탐험

단원 설명

통합교과서의 '탐험' 단원은 아이들이 주변을 탐색하고 새로운 것을 발견하며 도전하도록 격려합니다. 교과서에서는 놀이와 탐색을 통해 주변 환경을 이해하고, 모험심과 창의적인 사고를 기르는 활동을 제시합니다. 아이들은 호기심을 가지고 직접 몸을 움직이며 다양한 장소와 사물을 탐색하는 과정에서 문제해결력을 키우고, 새로운 환경에 대한 자신감을 가질 수 있습니다. 따라서 이 책에서는 아이들이 탐험하듯이 신체를 활용해 문제를 해결하고, 공간을 인식하며 다양하게 움직이는 기회를 제공합니다. 길을 따라 안과 밖으로 다리를 벌려 뛰어가는 '줄검다리 건너기', 강당이나 운동장에서 상대 팀의 콩주머니를 빼앗아 오는 '콩주머니 뺏기' 같은 놀이를 통해 아이들이 도전하는 기쁨을 느끼고, 신체활동을 통해 탐험의 즐거움을 경험할 수 있도록 했습니다. 또한 친구들과 함께 질문지의 문제를 풀어 나가는 '안전나라 입국심사' 등의 놀이를 통해 협력과 문제해결력을 기르도록 구성했습니다.

기본 움직임 요소	교실 놀이	강당이나 운동장 놀이
기본동작 모이기	안전나라 입국심사	
밀기 당기기 균형잡기	줄검다리 건너기	
	작은 달팽이	
걷기 달리기	동물 천하	토끼야, 용궁 가자
	릴레이 콩주머니 모으기	콩주머니 뺏기
	지그재그 콘 모으기	지그재그 진 뺏기
높이뛰기 멀리뛰기	붙임쪽지 징검다리	원마커 술래잡기
던지기 치기 차기	대결! 줄줄이 탱탱볼	뜨거운 고구마
	네 땅, 내 땅, 원반 땅따먹기	

몸풀기

놀이 1

안전나라 입국심사

안전나라 입국심사

• 활동 장소 : 교실　• 활동 인원 : 전체　• 준비물 : 자음/모음/숫자 카드, 상자

이 놀이는 상자에서 질문지를 꺼내 답에 해당하는 카드를 밟는 활동입니다.

안전나라 입국심사 활동 방법

1 바닥에 자음과 모음, 숫자로 구성된 카드를 펼쳐 놓는다.

신체놀이 꿀팁

자음과 모음, 숫자로 구성된 카드들은 여러 가지 문제에 대한 답을 할 수 있도록 다양하게 제시한다.

2 A팀, B팀 각각 한 줄로 선 학생들이 차례로 상자에서 질문지를 꺼낸다.

신체놀이 꿀팁

질문지는 사전에 준비하고 1학년 학생들의 수준에 맞도록 쉬운 문제들로 구성한다.

3 안전에 관한 질문 쪽지(힌트 : 초성)를 보고 정답 카드를 밟고 안전나라에 입국한다.

> **신체놀이 꿀팁**
>
> 질문 쪽지와 정답 카드를 예로 들면 다음과 같다.
> - 질문 : 불이 나면 어디로 전화해야 할까요?
> - 정답 : 1 1 9

4 정답을 맞히지 못하면 맨 뒷줄로 가서 차례를 기다린다.

> **신체놀이 꿀팁**
>
> 다음 주자가 이어서 문제를 맞히고 자기 차례가 올 때까지 기다린 후 다시 도전한다.

5 먼저 안전나라에 모두 들어온 팀이 승리한다.

신체놀이 꿀팁

한 번 놀이가 끝나면 문제를 섞어서 상자를 바꾸고 다시 놀이한다.

밀기 · 당기기 · 균형잡기

놀이 1

줄검다리 건너기

놀이 2

작은 달팽이

줄검다리 건너기

• 활동 장소 : 교실 • 활동 인원 : 전체 • 준비물 : 원마커, 줄, 콩주머니

이 놀이는 두 줄 사이에 원마커를 놓아 길을 만들고, 안과 밖으로 다리 벌려 뛰어가며 끝에 있는 콩주머니를 가지고 돌아오는 활동입니다.

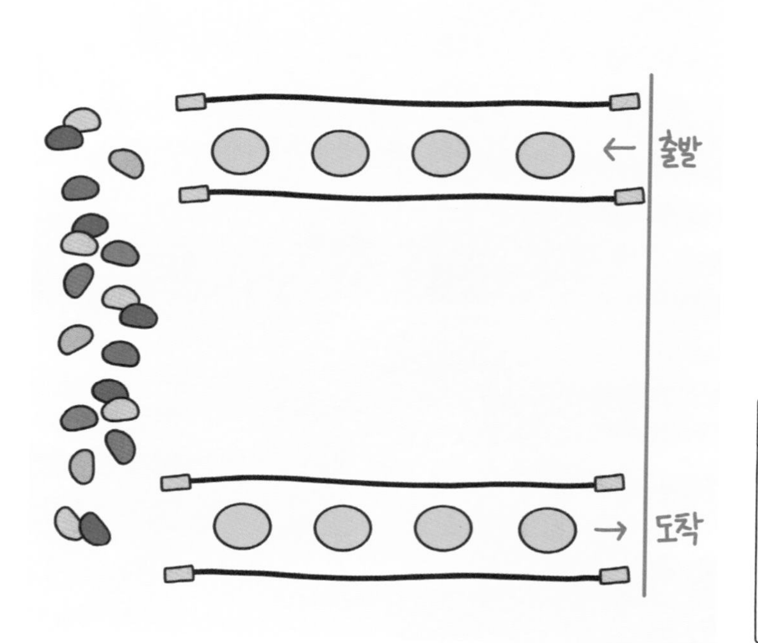

1 두 줄 사이에 원마커를 설치하여 길을 만들고 반환점에 콩주머니를 놓는다.

신체놀이 꿀팁

줄넘기 줄 두 개를 바닥에 길게 깔고 그 안에 원마커 4개 정도를 한 발 뛰기 간격으로 넣은 후 같은 모양으로 하나 더 반대편에 설치하고 반환점에 콩주머니를 여러 개 놓는다.

2 원 안으로 한 발 뛰기하고 원 줄 밖으로 다리 벌려 뛰기하며 앞으로 전진한다.

신체놀이 꿀팁

원 안으로 뛰지 못하거나 줄을 밟을 경우 그 전 단계로 돌아가서 다시 시작한다.

3 반환점에 있는 창고에 가서 콩주머니를 주워서 같은 방식으로 돌아온다.

신체놀이 꿀팁

너무 급하게 하여 넘어지지 않도록 두 발로 점프할 때 천천히 한다.

작은 달팽이

• 활동 장소 : 교실 • 활동 인원 : 전체 • 준비물 : 분필

이 놀이는 교실에 작은 달팽이를 그리고 한 발 뛰기로 출발하여 중간에 다른 팀을 만나면 가위바위보하여 이기면 전진하는 활동입니다.

작은 달팽이 활동 방법

1 바닥에 달팽이 모양을 그리고 학생들을 두 팀으로 나눈다.

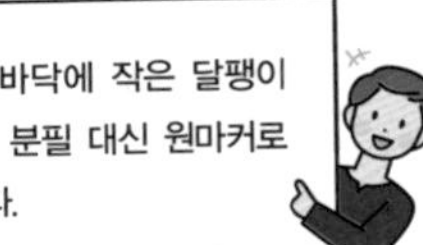

신체놀이 꿀팁

교실에서 분필로 바닥에 작은 달팽이 모양을 그려 준다. 분필 대신 원마커로 길을 만들어도 된다.

2 길을 따라 한 발로 뛰어간다.

신체놀이 꿀팁

2~3번만 가도록 달팽이 길이를 작게 그린다.

3 친구를 만나면 두 발로 서서 가위바위보한다.

신체놀이 꿀팁

한 발 뛰기를 하다가 친구를 만나면 두 발로 서서 쉬었다가 가위바위보를 하며 힘을 모아 다시 시작한다.

4 이긴 사람은 앞으로 전진하고 진 사람은 처음으로 돌아간다.

다시 출발선으로

나와서

신체놀이 꿀팁

같은 팀의 학생이 가위바위보에서 져서 출발선으로 돌아오면 다음 주자가 바로 출발한다.

5 먼저 끝까지 간 팀이 승리한다.

신체놀이 꿀팁

도착선 근처에서 무리하게 나오다 부딪히지 않도록 안전지도한다.

걷기 · 달리기

놀이 1

동물 천하

놀이 2

토끼야, 용궁 가자

놀이 3

릴레이 콩주머니 모으기

놀이 4

콩주머니 뺏기

놀이 5

지그재그 콘 모으기

놀이 6

지그재그 진 뺏기

동물 천하

• 활동 장소 : 교실　　• 활동 인원 : 전체　　• 준비물 : 동물 카드

이 놀이는 동물별로 그룹을 나눈 뒤, 가위바위보를 통해 한 동물로 통일하는 꼬리잡기형 놀이입니다.

1 동물 카드를 부착하고 같은 동물끼리 모여 앉는다.

신체놀이 꿀팁

개구리, 꽃게, 고릴라, 호랑이, 악어 등 다섯 가지 동물로 구성한다. 같은 동물끼리 모여 걷는 모습을 어떻게 표현할지 상의한다. 개구리는 네 발로 폴짝 뛰어서, 꽃게는 앉은 상태에서 옆으로, 고릴라는 무릎 꿇고 두 손을 짚으며, 호랑이는 네 발로 달리듯이, 악어는 바닥을 기어가는 걸음이다. 동물 카드를 그려도 되고, 한글로 적어도 된다.

2 해당 동물의 특징을 살린 걸음으로 교실을 자유롭게 돌아다니다가 다른 동물을 만나면 가위바위보한다.

신체놀이 꿀팁

모둠끼리 상의한 같은 동작으로 걸어야 한다. 뛰거나 다른 학생과 부딪히지 않도록 주의한다.

1 가위바위보에서 지면 이긴 친구의 동작을 따라 하며 뒤로 줄을 서서 이동한다.

신체놀이 꿀팁

가위바위보에서 진 학생은 이긴 학생의 동물로 변신하고, 뒤로 줄을 서서 따라 걷는다. 맨 앞의 학생이 또 다른 동물을 만나 가위바위보를 하면 승패에 따라 다시 동물의 종류가 바뀌기도 하고, 뒤로 줄이 길어지기도 한다. 가위바위보를 해서 비기는 경우에는 헤어져서 다른 동물을 찾는다.

토끼야, 용궁 가자

• 활동 장소 : 강당 • 활동 인원 : 두 팀 경쟁 • 준비물 : 빈백(콩주머니), 콘, 매트

이 활동은 등에 스포츠빈백 또는 콩주머니(토끼 역할)를 얹고 네 발로 걸어서 상대 팀보다 먼저 반환점을 돌아오는 협동 및 경쟁형 활동입니다.

토끼야, 용궁 가자 활동 방법

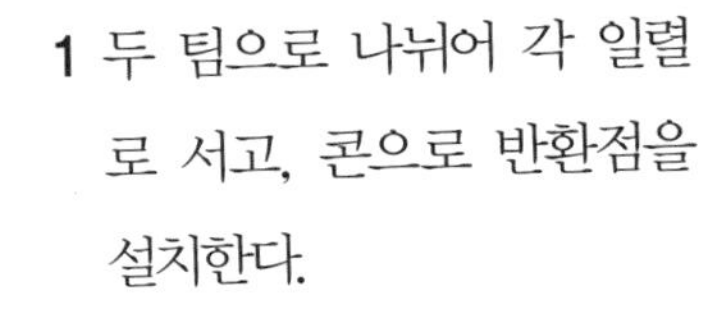

1 두 팀으로 나뉘어 각 일렬로 서고, 콘으로 반환점을 설치한다.

신체놀이 꿀팁

네 발 걷기를 통한 경주이므로 학생들 사이에 충돌이 일어나지 않도록 각 팀 학생들의 출발 지점과 콘의 간격을 여유 있게 정한다. 출발선과 콘 사이의 거리는 학생들의 운동 능력을 고려하여 교사가 설정한다. 놀이 시작 전에 체육관 바닥에 이물질이 있는지 살펴 부상을 예방하는 것이 중요하다. 가능하다면 바닥에 매트를 깔면 좋다.

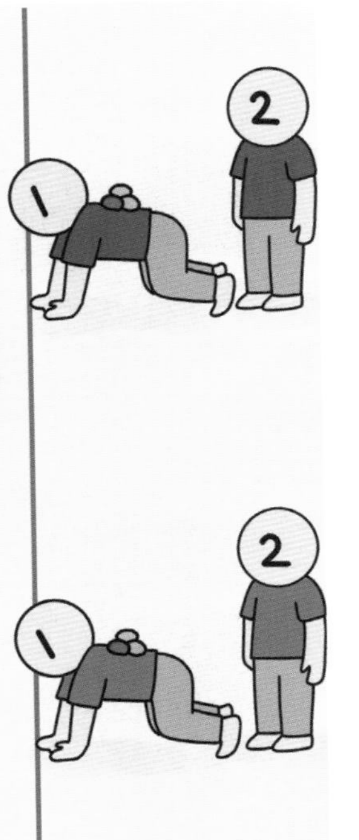

2 주자는 자라가 되어 토끼(스포츠빈백/콩주머니)를 등 위에 얹고 네 발로 걷는다.

신체놀이 꿀팁

각 팀의 첫 번째 주자는 네 발 걷기 자세를 하고 출발선에 선다. 주자는 '자라' 역할이며 등에는 '토끼' 역할의 스포츠빈백 또는 콩주머니를 얹는다. 스포츠빈백의 개수는 3~5개로 교사가 정한다. 경주 전에 학생들이 네 발로 걷는 연습을 하는 것도 좋다. 필요한 경우 네 발 걷기에서 자세를 변형해 경주할 수 있다.

3 교사가 신호를 보내면 양 팀의 첫 자라는 네 발 걷기로 반환점을 돌아온다.

신체놀이 꿀팁

양 팀 자라 간에 충돌이 일어나지 않도록 같은 방향으로 반환점을 회전하게 한다. 스포츠빈백을 1개라도 떨어트린 경우, 이를 주워서 다시 등에 올리고 멈춘 지점에서부터 재출발한다. 스포츠빈백을 주우러 가야 하는 경우에는 두 발 걷기를 허용할 수 있다.

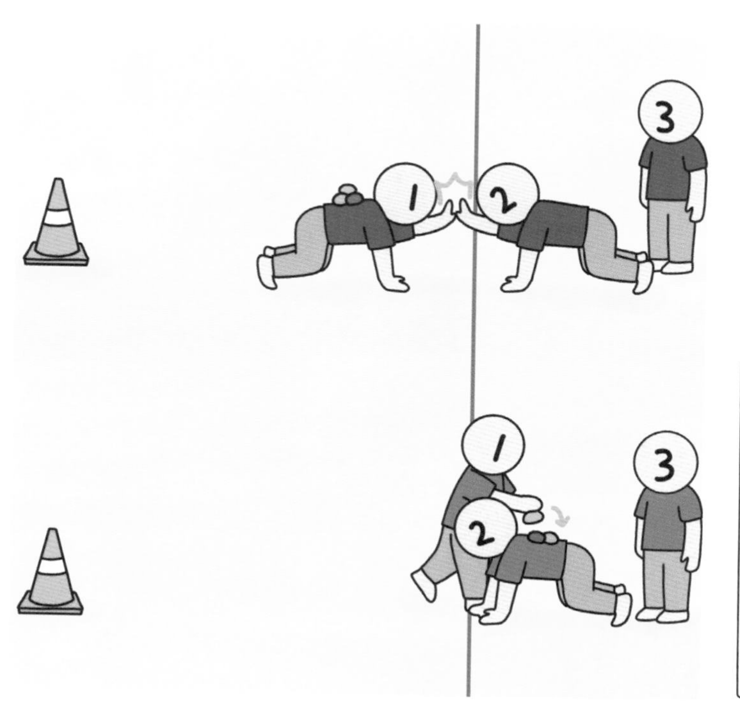

4 출발선으로 돌아온 자라는 다음 주자와 손뼉을 치고 다음 주자가 자라가 되어 토끼를 등에 얹고 네 발 걷기로 경주한다.

신체놀이 꿀팁

자라가 출발선으로 돌아오면 자기 팀의 다음 주자와 손뼉을 쳐서 교대한다. 이때 자라는 자신의 등에 올렸던 스포츠빈백을 다음 주자의 등에 올려 줘야 한다(네 발 걷기 자세를 한 상태에서 스스로 등에 물건을 올리기는 어렵다). 다음 주자는 빠른 출발을 위해 미리 네 발 걷기 자세를 취하는 것이 좋다.

5 마지막 자라가 더 빨리 도착한 팀이 이긴다.

신체놀이 꿀팁

마지막 자라가 더 빨리 경주를 마친 팀이 승리한다. 네 발로 걸어서 경주하는 놀이이기 때문에 학생들이 무릎, 손 등을 다치지 않도록 주의한다. 빠른 속도보다 토끼를 떨어트리지 않고 경주하는 것이 중요함을 강조하여 놀이가 과열되는 것을 예방한다.

릴레이 콩주머니 모으기

• 활동 장소 : 교실　　• 활동 인원 : 모둠 경쟁　　• 준비물 : 원마커, 콩주머니

이 활동은 모둠별로 원마커 위에 있는 콩주머니를 릴레이로 가져오는 놀이입니다.

릴레이 콩주머니 모으기 활동 방법

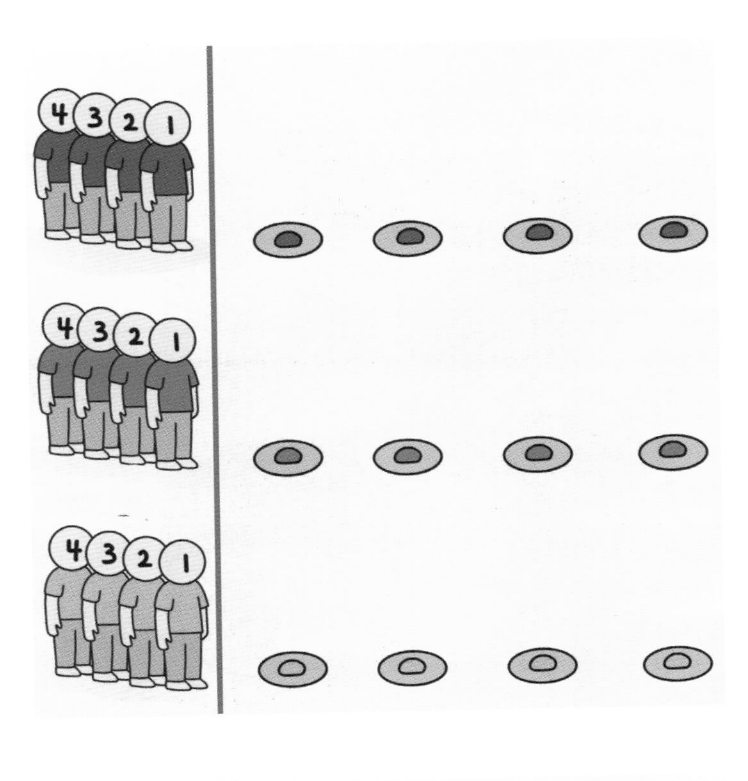

1 각 모둠별 출발선 앞에 일직선으로 일정한 간격을 두고 원마커를 놓고 그 위에 콩주머니를 놓는다.

신체놀이 꿀팁

학생들 수준에 따라 원마커 간격을 벌리도록 한다. 모둠별로 전략을 짜는 시간을 준다. 각 모둠에서 콩주머니를 가져오는 순서를 정하고 학생별로 어떤 콩주머니를 먼저 가져올지 정한다.

2 모둠에서 순서를 정하여 원마커 위에 놓인 콩주머니를 1개씩 가져와서 모은다.

신체놀이 꿀팁

이 활동은 콩주머니를 모으는 활동이므로 먼 거리에서 던져서 모으는 것이 아니라 출발선 안에 직접 놓고 다음 사람이 출발할 수 있도록 한다.

3 가장 먼저 모든 콩주머니를 가져와서 모은 모둠이 승리한다.

신체놀이 꿀팁

학생들이 이기기 위해 빨리 뛰다 넘어져 다치지 않도록 사전에 교사가 꼭 지도한다. 모둠전이 끝나면 모둠에서 개인전을 해도 좋다.

콩주머니 뺏기

- 활동 장소 : 강당/운동장
- 활동 인원 : 두 팀 경쟁
- 준비물 : 빈백(콩주머니), 훌라후프, 콘

이 활동은 서로의 진영에 들어가 수비에 잡히지 않고 상대 팀의 콩주머니를 더 많이 빼앗아 오면 승리하는 협동 및 경쟁형 놀이입니다.

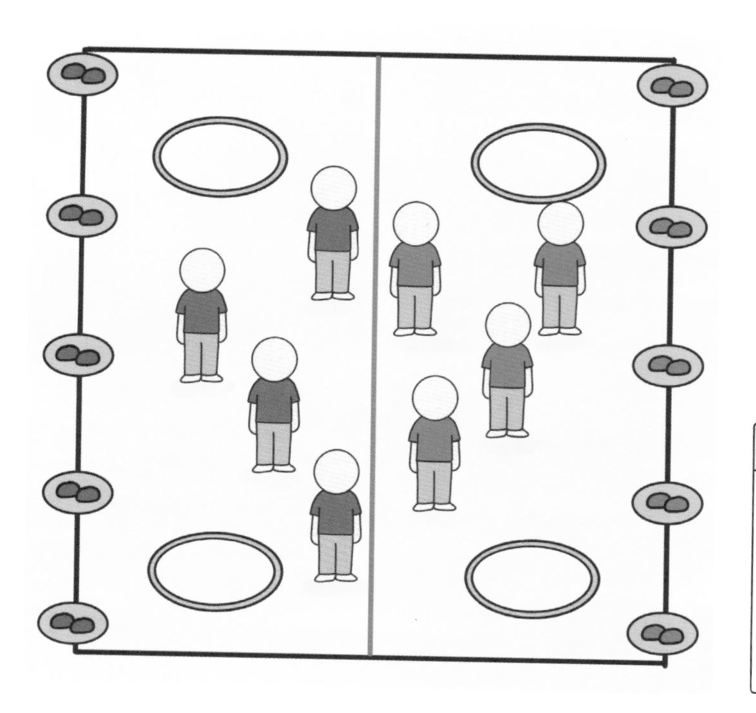

1 두 팀으로 나누고, 가운데 선을 기준으로 각 팀의 진영을 나눈다.

신체놀이 꿀팁

두 진영을 나누기 위해 선을 긋거나 양 끝과 중간에 콘을 놓아 표시할 수 있다. 시작 전 학생들에게 수비와 공격의 역할이 동시에 필요하다는 점을 안내하고 학생들이 미리 토의하거나 상황에 따라 역할을 바꿀 수 있음을 알려 준다.

2 팀원들은 상대 진영으로 넘어가 엔드라인에 놓인 콩주머니를 자신의 팀으로 가져온다.

신체놀이 꿀팁

각 팀의 엔드라인 위 원마커를 적정 간격으로 일정하게 배치한 후 같은 개수의 콩주머니를 올려 놓으면 콩주머니가 한쪽으로 몰리지 않게 할 수 있다. 상대 팀 콩주머니를 잡으면 경기장 밖으로 나와 우리 팀 엔드라인 원마커 위에 콩주머니를 내려놓고 다시 진영으로 들어온다.

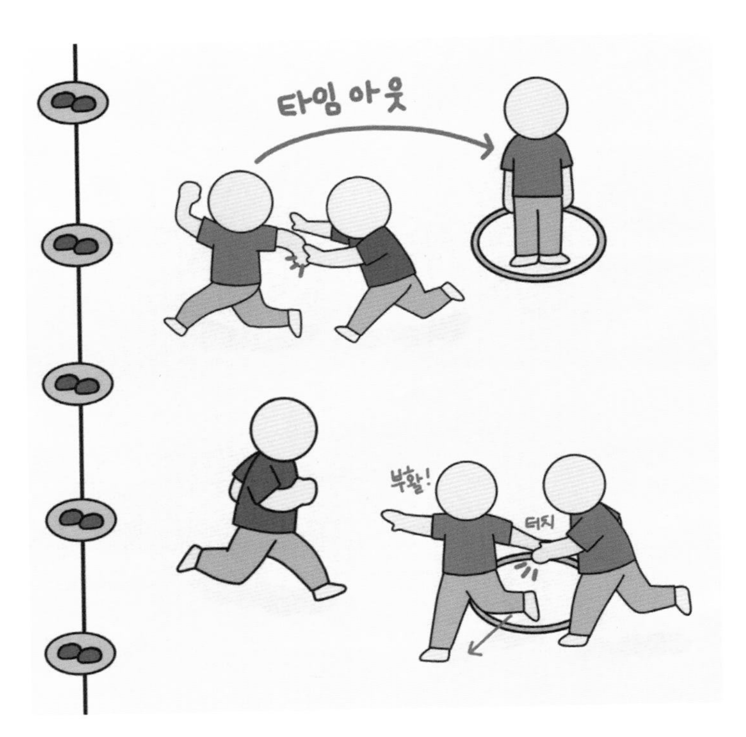

3 상대 진영에서 콩주머니를 잡기 전 상대 팀에 잡히면 타임아웃 존에 갇히고, 같은 팀이 터치해 주면 타임아웃 존의 팀원이 모두 부활한다.

신체놀이 꿀팁

각 진영에 타임아웃 존(훌라후프)을 2개씩 설치하고 처음 놀이 시 가운데보다 조금 더 양측 진영 구분 선에 가까이 두면 자신의 팀원을 좀 더 쉽게 구할 수 있어 공격과 수비가 적극적으로 이루어질 수 있다. 부활한 팀원은 반짝반짝 손동작을 하여 부활 중 표시를 하며 경기장 밖으로 나와 우리 팀 엔드라인에서 진영으로 들어온다.

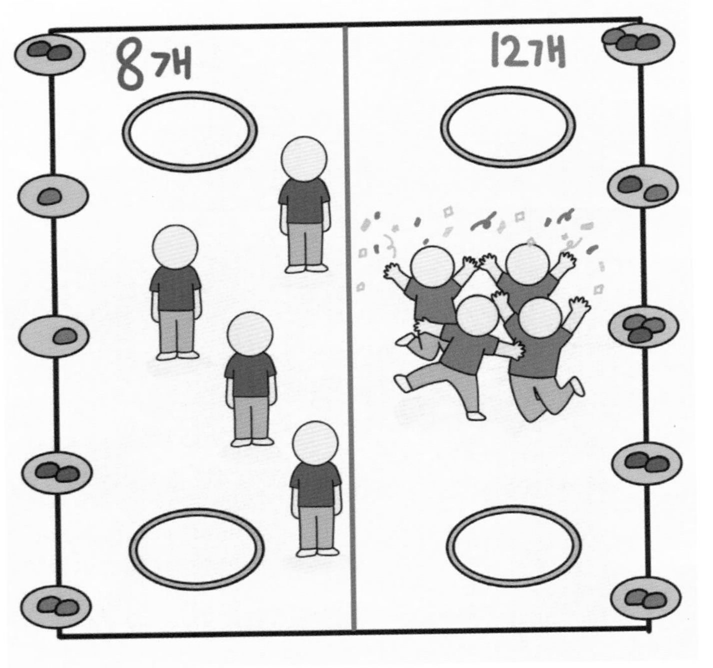

4 제한 시간이 지나면 각 팀의 엔드라인 위 콩주머니 개수를 세어 더 많은 팀이 승리한다.

신체놀이 꿀팁

교사가 미리 안내한 시간이 끝나기 3분, 1분 전에 알리고, 10초 전부터 카운트다운을 하여 학생들이 남은 시간을 인지할 수 있도록 한다. 제한 시간이 끝나면 학생들은 그 자리에서 일단 멈춘다. 제한 시간 안에 우리 팀 원마커에 내려놓지 못한 콩주머니는 카운트하지 않는다.

지그재그 콘 모으기

- **활동 장소 : 교실/강당**
- **활동 인원 : 두 팀 경쟁**
- **준비물 : 접시콘, 고깔콘**

이 활동은 접시콘을 피해 지그재그로 달린 후 길 끝에 있는 접시콘을 고깔콘에 꽂고 돌아오는 릴레이 형식의 놀이로, 더 많은 접시콘을 모으는 팀이 승리하는 협동 및 경쟁형 놀이입니다.

지그재그 콘 모으기 활동 방법

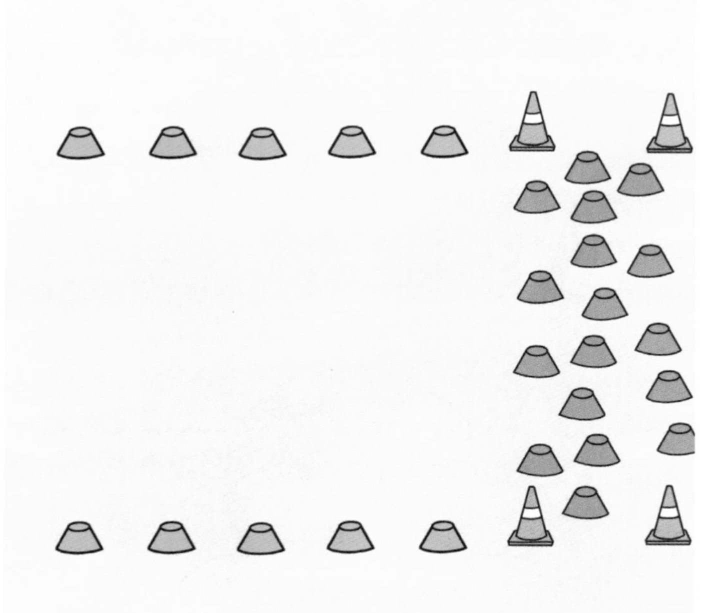

1 접시콘으로 길을 만들고 길 끝에 접시콘 여러 개와 고깔콘을 둔다.

신체놀이 꿀팁

접시콘으로 길을 만들 때 직선과 곡선 모두 가능하다.

2 두 팀으로 나뉘어 교사의 신호에 맞춰 출발하여 접시콘 길을 지그재그로 통과한다.

신체놀이 꿀팁

모둠을 구성할 때 성별과 달리기 속도를 고려한다. 놀이를 여러 번 진행할 경우 한 발 뛰기, 모둠발 뛰기 등 접시콘 길을 통과하는 방법을 다양하게 제시하거나 길의 모양을 약간 바꾸어 놀이의 재미를 높일 수 있다. 접시콘을 지그재그로 지나지 않거나 통과하지 않고 지나친 접시콘이 있다면 그 자리에서 다시 진행하도록 한다.

3 주자 1명당 접시콘을 1개만 집어 고깔콘에 꽂고 돌아온다.

신체놀이 꿀팁

접시콘 길 끝에 놓인 여러 개 접시콘 중 하나만 집어 고깔콘에 꽂고 돌아온다. 접시콘과 고깔콘은 콩주머니와 바구니 등 학교에 있는 다양한 물건으로 대체 가능하다. 접시콘 옆길을 직선으로 달려 돌아와 다음 주자를 터치한다.

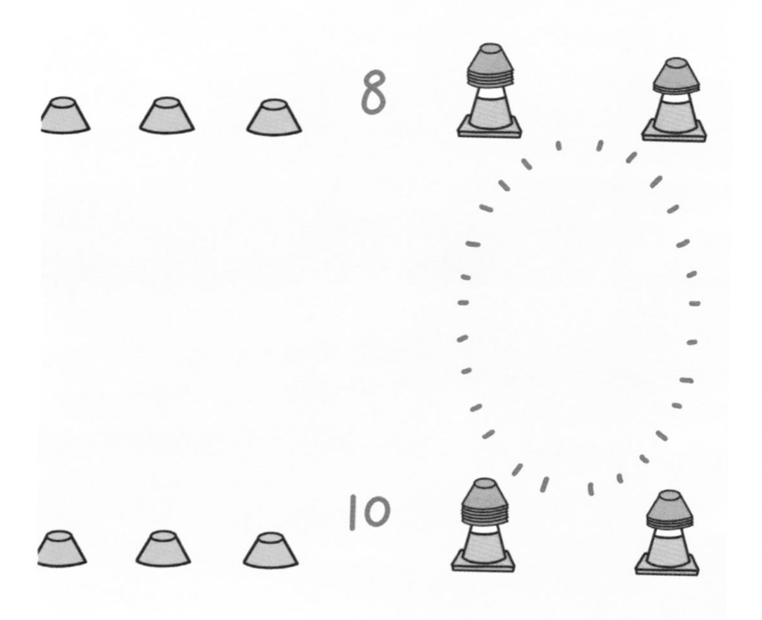

4 접시콘이 없어질 때까지 진행한 후 더 많은 접시콘을 모은 팀이 승리한다.

신체놀이 꿀팁

학생 수, 흥미, 신체 능력 등을 고려하여 40~50개의 접시콘을 바닥에 두고 진행한다. 접시콘을 가장 많이 모은 팀과 규칙을 잘 지키고 협력을 잘한 팀 모두를 격려하여 학생들이 놀이 과정과 결과 모두에서 성취감을 느끼도록 한다.

지그재그 진 뺏기

• 활동 장소 : 강당/운동장　• 활동 인원 : 두 팀 경쟁　• 준비물 : 접시콘, 고깔콘

이 활동은 달팽이 놀이를 응용한 놀이로 접시콘을 피해 지그재그로 달린 후 상대 팀을 만나 가위바위보하고 상대 진영 콘을 터치하면 점수를 얻는 협동 및 경쟁형 놀이입니다.

1 접시콘으로 길을 만들고 양 팀이 마주한 상태에서 첫 주자가 준비한다.

신체놀이 꿀팁

양 팀이 마주한 상태에서 접시콘으로 직선 길을 만든다. 이때 중간에 낮은 허들, 모둠발로 점프해 이동해야 하는 블랙홀 구간 등을 두어 놀이의 재미를 높일 수 있다. 팀을 나눌 때 2명씩 가위바위보하여 이긴 팀과 진 팀을 구분할 수 있다. 팀을 나눈 후에는 팀조끼를 활용하여 구분한다.

2 접시콘을 지그재그로 통과하여 상대 진영 쪽으로 이동하고 상대 팀원과 마주 보게 되면 가위바위보한다.

가위 바위 보!

신체놀이 꿀팁

접시콘을 지그재그로 통과하여 상대 진영 쪽으로 달려 이동한다. 허들, 블랙홀 등 추가 장애물이 있을 경우 규칙을 지켜 장애물을 통과하도록 한다. 접시콘을 통과하는 중 반대쪽에서 출발한 상대 팀원과 마주 보게 되면 가위바위보한다. 이때 몸으로 가위바위보를 하도록 하면 놀이의 재미를 높일 수 있다.

3 진 팀원은 "졌다!"라고 외치고, 진 팀의 다음 주자가 출발한다.

신체놀이 꿀팁

가위바위보에서 진 팀원은 "졌다!"라고 크게 외친다. 진 팀원이 속한 팀은 "졌다!"라는 말을 들으면 상대 팀원이 우리 진영으로 도착하기 전 재빨리 나와 콘 길을 지그재그로 달려 통과하고, 가위바위보에서 이긴 팀원은 접시콘을 지그재그로 통과하여 상대 진영 쪽으로 계속 이동한다. 가위바위보에서 진 팀원은 자기 진영으로 돌아와 맨 뒤에 선다.

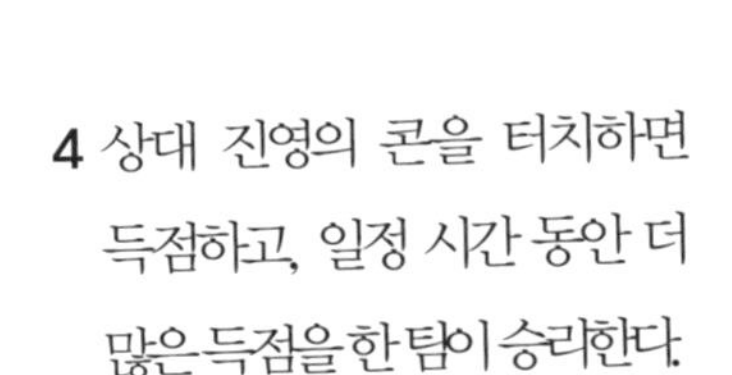

4 상대 진영의 콘을 터치하면 득점하고, 일정 시간 동안 더 많은 득점을 한 팀이 승리한다.

신체놀이 꿀팁

상대 진영 쪽에 도착하여 상대 팀 콘을 터치하면 1점을 얻는다. 득점 후에는 "이겼다!"라고 외치고 자기 진영으로 돌아간다. 득점 후 돌아갈 때는 길옆을 직선으로 달려가도록 한다. "이겼다!"라는 말을 들은 팀의 다음 주자가 달려 나간다. 진 팀은 다음 주자가 자기 진영에 도착하기 전에 출발하고, 일정 시간 동안 득점을 많이 한 팀이 승리한다.

높이뛰기 · 멀리뛰기

놀이 1

붙임쪽지 징검다리

놀이 2

원마커 술래잡기

붙임쪽지 징검다리

- 활동 장소 : 교실/강당
- 활동 인원 : 두 팀 경쟁
- 준비물 : 붙임쪽지(원마커), 라바콘

이 활동은 멀리뛰기를 하여 도착한 지점에 붙임쪽지를 붙이고 다음 주자가 이어 뛰어 도착선에 일찍 도착하는 팀이 승리하는 놀이입니다.

1 4명씩 두 팀으로 나뉜 뒤 팀당 붙임쪽지 하나를 들고 출발선 뒤에 선다.

신체놀이 꿀팁

각자 붙임쪽지를 들고 시작하면 많은 쓰레기가 양산될 수 있으므로 붙임쪽지는 팀당 하나로 제한한다. 붙임쪽지 대신 원마커나 고깔 등으로 대체해도 무방하다.

2 첫 번째 주자는 멀리뛰기를 하고 착지한 자리에 붙임쪽지를 붙인다.

신체놀이 꿀팁

붙임쪽지를 붙이는 위치는 처음 발이 닿은 위치 혹은 바닥에 닿은 위치 중 뒷부분 등으로 자유롭게 정할 수 있다.

3 두 번째 주자는 첫 번째 주자가 붙인 붙임쪽지를 떼고 그 자리에서 멀리뛰기를 한다.

신체놀이 꿀팁

멀리뛰기를 한 후 앞 주자와 마찬가지로 바닥에 붙임쪽지를 붙인다.

4 반복하여 먼저 도착선에 도착한 팀이 승리한다.

신체놀이 꿀팁

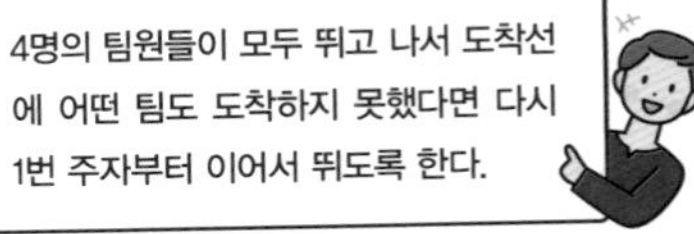

4명의 팀원들이 모두 뛰고 나서 도착선에 어떤 팀도 도착하지 못했다면 다시 1번 주자부터 이어서 뛰도록 한다.

원마커 술래잡기

• 활동 장소 : 강당/운동장 • 활동 인원 : 전체 • 준비물 : 원마커

이 활동은 원마커 위만 밟으며 앞 친구를 잡는 동시에, 뒤 친구로부터는 도망가야 하는 술래잡기형 놀이입니다.

원마커 술래잡기 활동 방법

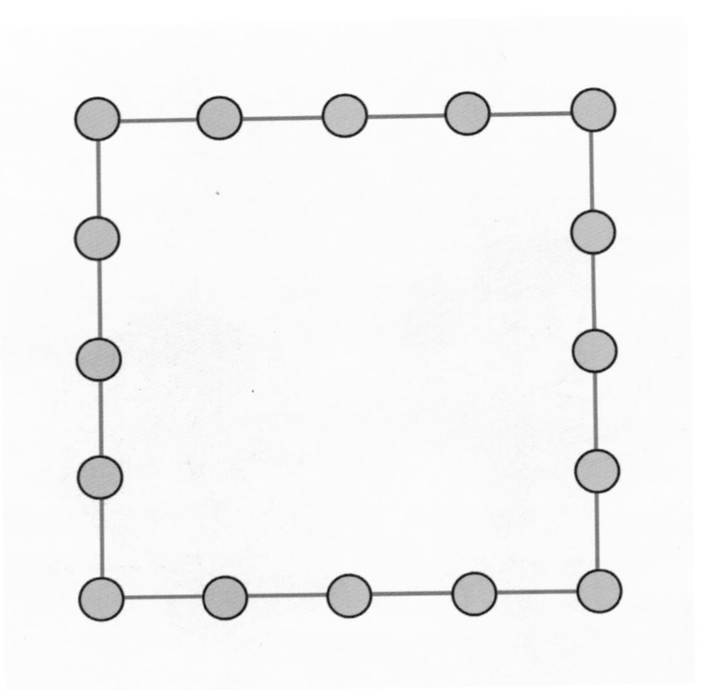

1 원마커로 사각형의 활동 영역을 만든다.

신체놀이 꿀팁

강당 1/4 정도 크기의 사각형 영역의 각 꼭짓점마다 원마커를 놓는다. 사각형의 한 변마다 저학년의 한 걸음 보폭인 약 50cm 간격으로 원마커를 놓는다. 한 변마다 3~4개의 원마커를 놓을 수 있다. 활동 영역을 만들 때 반 학생들의 인원과 보폭을 고려하여 간격과 원마커의 개수를 조절할 수 있다.

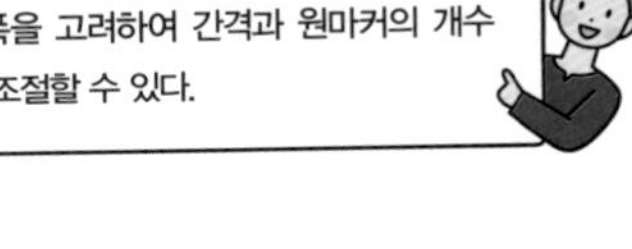

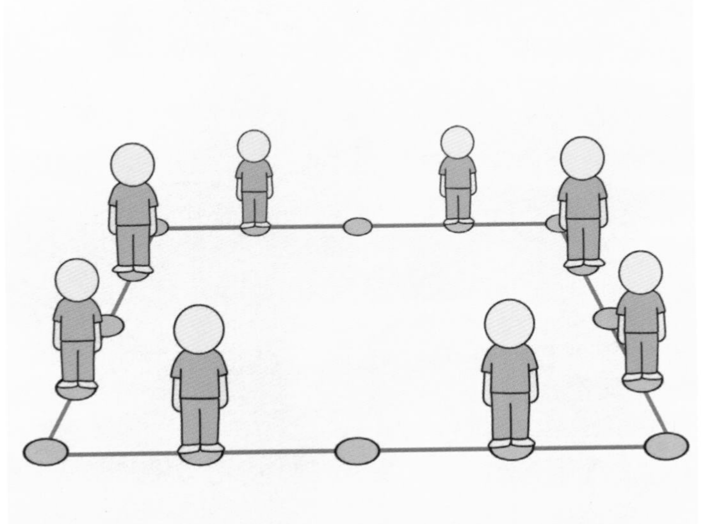

2 원마커 위에 간격을 두고 1명씩 선다.

신체놀이 꿀팁

학생과 학생 사이의 원마커 개수는 한 경기에 참여하는 학생 수에 따라 다르게 배치할 수 있다. 많은 학생이 참여하면 학생 사이 원마커는 1개, 적은 학생이 참여하면 3개 정도의 간격을 두고 원마커 위에 서서 준비한다.

3 선생님의 출발 신호에 맞추어 학생들은 모두 한 방향으로 원마커 위를 뛰며 자신의 바로 앞 사람을 터치한다.

신체놀이 꿀팁

학생들은 원마커만 밟을 수 있으며 앞사람을 잡으러 가는 동시에 뒤에서 쫓아오는 친구에게서도 도망가야 한다. 뒷사람의 손에 터치되면 아웃되어 경기장 밖으로 나온다. 이 방법으로 3명이 남을 때까지 놀이를 계속한다.

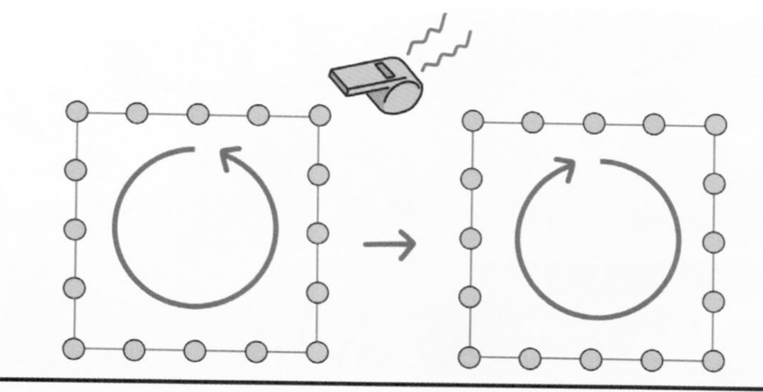

4 방향 바꾸기, 두 발 모아 뛰기 등 변형하여 놀이할 수 있다.

신체놀이 꿀팁

놀이 중 선생님의 호루라기 신호로 방향을 바꾸기로 하면 잡고 도망가는 역할이 바뀌어 더 재미있게 참여할 수 있다. 뛰는 방법도 두 발 모아 뛰기 등 다양하게 변형하여 놀이할 수 있다.

던지기 · 치기 · 차기

놀이 1

대결! 줄줄이 탱탱볼

놀이 2

뜨거운 고구마

놀이 3

네 땅, 내 땅, 원반 땅따먹기

대결! 줄줄이 탱탱볼

- 활동 장소 : 교실/강당
- 활동 인원 : 두 팀 경쟁
- 준비물 : 탱탱볼, 초시계, 점보스택스, 고깔, 콩주머니

이 활동은 손으로 탱탱볼을 튕기고 받으며 던져서 팀원에게 전달하여 상대 팀보다 먼저 도착하는 협동 및 경쟁형 활동입니다.

대결! 줄줄이 탱탱볼 활동 방법

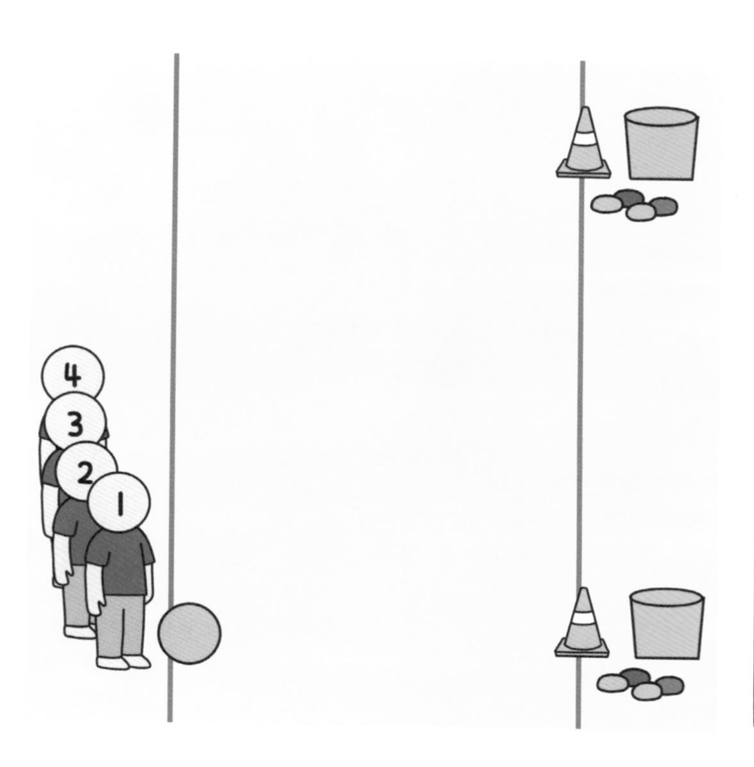

1 두 팀으로 나뉘어 한 팀씩 놀이를 진행한다. 출발선 앞에 한 줄로 서서 대기한다.

신체놀이 꿀팁

첫 번째 고깔, 두 번째 고깔에 도착하여 미션을 수행하고 다시 출발선으로 돌아오는 경기이다. 출발선 뒤쪽에 한 줄로 서도록 한다.

2 1번 학생이 뒤를 돌아 2번 학생을 바라보고 공을 바닥에 한 번 튕겨 전달한다. 2번 학생은 3번 학생에게, 3번 학생은 4번 학생에게 전달한다.

신체놀이 꿀팁

튕긴 공이 전달이 안 되면 다시 시도한다. 정확히 바닥에 다시 한번 튕겨서 전달하도록 한다.

3 공을 전달한 학생은 마지막 친구의 뒤로 이동해서 공을 다시 받을 준비를 한다. 동일한 방법으로 고깔까지 도달한다.

신체놀이 꿀팁

공을 떨어트린 경우, 공을 던진 사람이 주워서 자신의 자리에 돌아와 다시 전달하도록 한다. 공을 떨어트린 사람을 비난하지 않도록 한다. 달려가면서 부딪힐 수 있으므로 항상 본인의 오른쪽 방향으로 돌아가도록 한다.

4 고깔에 도착하면 선에 서서 콩주머니 4개를 바구니에 넣는 미션을 수행한다.

신체놀이 꿀팁

선을 지켜서 콩주머니를 바구니에 넣도록 한다. 콩주머니를 던질 때 공은 바닥에 내려놓도록 한다. 모둠원 수만큼 콩주머니를 넣도록 하며, 실패하면 다시 넣도록 한다.

5 동일한 방식으로 두 번째 고깔까지 이동하여 콩주머니를 바구니에 넣고 돌아오는 시간이 짧은 팀이 승리한다.

신체놀이 꿀팁

이 놀이에서 승리하기 위해서는 공을 전달할 때, 상대방이 받기 쉽도록 전달하여 떨어트리지 않아야 한다. 고깔에서 다른 고깔로 이동하기 위해서는 콩주머니가 모두 바구니에 들어가야 하므로, 서로 협동하여 콩주머니를 잘 던질 수 있는 방법을 공유해야 함을 이야기한다.

뜨거운 고구마

• 활동 장소 : 강당 • 활동 인원 : 모둠 • 준비물 : 탱탱볼(1개), 훌라후프

이 활동은 탱탱볼을 머리 위로 던지거나 바닥에 튕기며 술래를 피해 팀원에게 공을 전달하는 협동 및 경쟁형 놀이입니다.

1 4명으로 모둠을 만든 후 순서를 정한다. 경기장을 구성한 후 가운데 훌라후프 안에는 술래가, 바깥쪽에는 나머지 학생들이 선다.

신체놀이 꿀팁

훌라후프를 4개 놓기에 공간이 비좁다면 바깥쪽 훌라후프는 원마커로 대체할 수 있다. 훌라후프를 사용한다면 걸려 넘어지지 않도록 간격을 충분히 둔다.

2 바깥쪽 사람은 술래가 공을 잡지 못하도록 "앗 뜨거워!"라는 구호를 외치며 공을 머리 위로 던지거나 바닥에 튕겨 전달한다.

신체놀이 꿀팁

이때 훌라후프 안의 공간에서는 자유롭게 움직여 공을 잡을 수 있으며, 훌라후프를 벗어나서는 안 된다. 다른 친구의 훌라후프로 공이 갔을 경우에는 그 훌라후프 안에 있는 사람이 주워서 던지도록 한다.

3 술래가 공을 잡거나, 던진 공을 놓쳐 훌라후프 공간 바깥으로 나가면 술래가 1점을 얻는다.

신체놀이 꿀팁

술래는 공을 잡고 나서 "1점!"이라고 점수를 외친다. 술래가 잡은 공은 그 공을 던졌던 친구에게 다시 준다. 술래가 공을 잡은 후, 던졌던 친구에게 빠르게 전달해야 술래가 점수를 얻을 기회가 많아진다는 것을 알려 준다.

4 일정 시간 동안 놀이를 진행하고 돌아가며 술래를 맡아, 동일한 방법으로 놀이를 진행한다. 점수가 가장 많은 학생이 그 모둠에서 승리한다.

신체놀이 꿀팁

학급 수준에 따라 앉아서도 놀이를 진행할 수 있다. 또한 공을 바닥에 튕겨 전달할 수 있고, 술래를 두지 않고 공 주고받기를 먼저 연습한 뒤 놀이를 하면 더 익숙하게 진행할 수 있다.

네 땅, 내 땅, 원반 땅따먹기

• 활동 장소 : 교실/강당 • 활동 인원 : 두 팀 경쟁 • 준비물 : 원반, 원마커

이 활동은 모둠을 나누고, 원마커(영역)를 향하여 원반을 던져 영역을 많이 차지하는 경쟁형 놀이입니다.

네 땅, 내 땅, 원반 땅따먹기 활동 방법

1 두 팀으로 나누고 팀별로 원반 색상을 정한다.

> **신체놀이 꿀팁**
>
> 보유한 원반의 색상 수만큼 모둠 수를 구성할 수 있다. 예를 들면, 원반 색상이 빨강, 파랑, 노랑이면 빨강팀, 파랑팀, 노랑팀으로 나눌 수 있다. 모둠원 수는 4명 정도가 적당하지만, 모둠별로 인원수가 달라도 괜찮다. 단, 원반을 던지는 횟수는 모두 동일하게 제공한다.

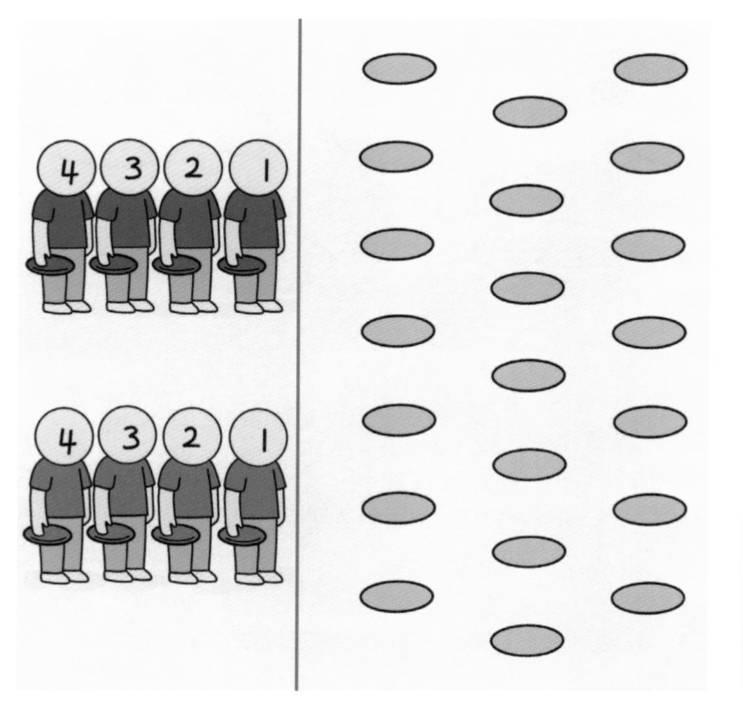

2 시작점 라인을 정하고, 원마커를 바닥에 겹치지 않게 늘어놓는다.

> **신체놀이 꿀팁**
>
> 원마커는 출발점으로부터 다양한 거리에 준비한다. 원마커가 없다면 훌라후프로 대체해도 된다.

3 모둠별로 원마커를 향해 원반을 번갈아 가면서 던진다. 원반을 원마커에 맞추면 그 땅은 자기 땅이 된다.

> **신체놀이 꿀팁**
>
> 위에서 보았을 때 원반이 원마커에 조금이라도 걸치면 성공으로 인정한다.

4 원반을 던져 원마커 위에 원래 있던 원반을 없애거나, 상대 팀 원반 위로 걸치면 자기 땅이 된다.

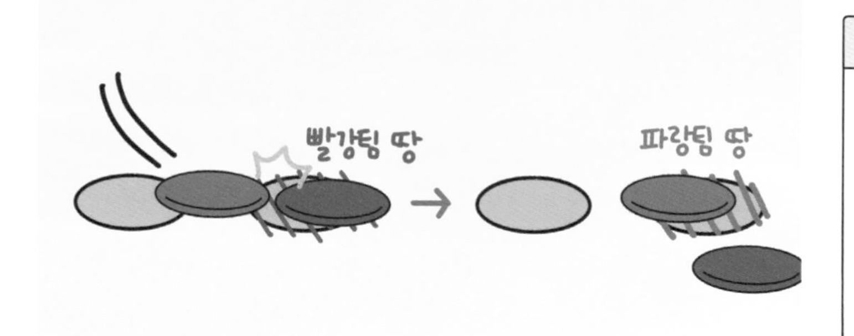

> **신체놀이 꿀팁**
>
> 놀이를 하다 보면 원반 위에 다른 팀 원반이 올라가는 상황이 많이 발생한다. 해당 규칙을 놀이 전에 충분히 안내한다. 영역 판정은 항상 위에서 보았을 때로 하며, 원래 원마커에 있던 원반 위에 새로 던진 원반이 조금이라도 겹치면 땅을 빼앗기게 된다.

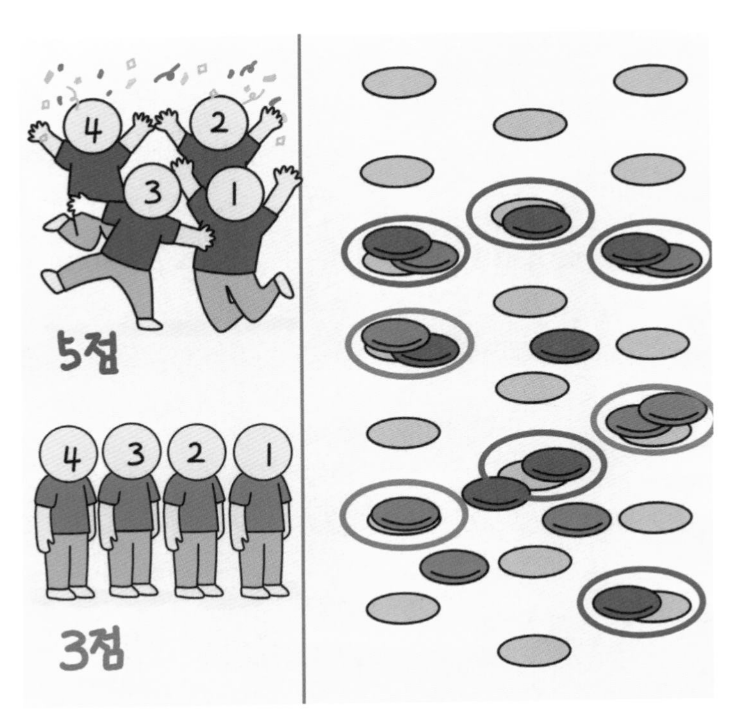

5 주어진 원반을 다 던지면, 모둠별로 자기 땅의 개수를 센다. 가장 많은 땅을 차지한 모둠이 승리한다.

신체놀이 꿀팁

놀이에 익숙해지면 거리별로 원마커에 점수를 매겨 난이도 높은 놀이를 할 수 있다.

이 책의 놀이를 만든 교사들

초등학생을 위한 기적의 신체놀이

1학년 1학기

초판 1쇄 2025년 3월 14일
글 서은철 외 26인 | **그림** 김재희
편집기획 북지육림 | **교정교열** 김민기 | **디자인** 이선영
종이 다올페이퍼 | **제작** 명지북프린팅 | **펴낸곳** 지노 | **펴낸이** 도진호, 조소진
출판신고 2018년 4월 4일 | **주소** 경기도 고양시 일산서구 강선로 49, 916호
전화 070-4156-7770 | **팩스** 031-629-6577 | **이메일** jinopress@gmail.com

ISBN ISBN 979-11-93878-17-0 (03370)